TEMEL BİLGİLER

2

Ders Kitapları Serisi

plural publications

PLURAL Publications GmbH
Colonia-Allee | D-51067 Köln
T +49 221 942240-260 | F +49 221 942240-201
www.pluralverlag.eu | info@pluralverlag.eu

1.- 16. Baskı, IGMG – Islamische Gemeinschaft Millî Görüş e. V.

27. Baskı, Köln, Haziran 2025
© PLURAL Publications GmbH

Tasarım | Dizgi | Baskı
PLURAL Publications GmbH

ISBN: 978-3-944441-48-1

İÇİNDEKİLER

İTİKAD ÜNİTESİ

I. BÖLÜM

Din

II. BÖLÜM

İman

İBÂDET ÜNİTESİ

I. BÖLÜM

İbâdet

II. BÖLÜM

Temizlik

III. BÖLÜM

Namaz

IV. BÖLÜM

Oruç

V. BÖLÜM

Zekât

VI. BÖLÜM

Kurban

VII. BÖLÜM

VIII. BÖLÜM

IX. BÖLÜM

SİYER ÜNİTESİ

I. BÖLÜM

II. BÖLÜM

AHLÂK ÜNİTESİ

DİNÎ MÛSİKİ ÜNİTESİ

Dinî Mûsiki

TEŞKİLAT DERSLERİ

Elinizdeki "Temel Bilgiler 2" kitabı, güzel dinimiz İslam'ın Avrupa'da ve dünyanın farklı yerlerinde yaşayan nesillerimiz tarafından en iyi şekilde öğrenilmesi hedefiyle hazırlanmıştır. Kitabın hazırlanmasında özellikle Türkiye kökenli çocukların dil ve din eğitimindeki ihtiyaçları göz önünde bulundurulmuştur. Yani elinizdeki kitap din eğitiminin yanı sıra dil eğitiminde de önemli bir açığı kapatmaya yarayacak mahiyettedir.

Bir toplumun geleceğe ümitle bakabilmesi, nesillerinin çağın bilgileriyle donatılması, din ve dil eğitiminin gerektiği şekilde verilmesine bağlıdır. Bu bağlamda din eğitiminin anadilde verilmesi de büyük önem arz etmektedir. Tabii ki yüce dinimiz sahasında uzman eğitimciler tarafından, yaşadığımız ülkelerin eğitim sistemleri içinde yerel lisanlarda da öğretilmelidir. Ancak, Avrupa'nın bazı ülke ve eyaletlerinde hâlen verilmekte olan ve mecburi olmayan anadili ve din derslerinin yeterli olmadığı görülmektedir.

İnsan kimliğini oluşturan en önemli iki unsur olan "din" ve "dil" eğitimi sadece okullarda verilen eğitimle sınırlı kalmamalıdır. Nitekim veliler bu ihtiyaçtan hareketle, üyesi veya cemaati oldukları İslami teşkilatlardan bu yönde eğitim vermelerini talep etmektedirler. Elinizdeki eser bu ihtiyacı karşılamak maksadıyla alanında uzman eğitimciler tarafından hazırlanmıştır. Bu kitap sadece eğitim merkezlerinde ve camilerde işlenen derslerde kullanılmayacak, anne babaların da her zaman, evlerinin sıcak ortamlarında düzenli dersler yaparak çocuklarına yardımcı olabilecekleri kaynaklar olacaktır.

Peygamberimiz (s.a.v.) "İnsanların en hayırlısı insanlara faydalı olandır." buyurarak, bütün insanlara ve çevreye yararlı olunmasını öğütlemektedir. İnsanlara faydalı olacağına inandığımız bu çalışmalarımız, "Anasınıfı Materyalleri" ile başlamış, "Temel Bilgiler 1" kitabıyla devam etmiş olup, "Temel Bilgiler 2" ve "Temel Bilgiler 3" kitaplarımız da hazırlanarak hizmete sunulmuştur. Bu materyallere ek olarak "Temel Bilgiler Hazırlık 1" ve "Temel Bilgiler Hazırlık 2" kitaplarını da çıkartmış bulunmaktayız.

Çocuklarımızın çağımızın bilgileriyle donanmış, çevresine saygılı, ruh sağlığı düzgün ve insanlara faydalı kişiler olmalarını arzu ediyor, "Temel Bilgiler 2" kitabımızın ve diğer kaynaklarımızın insanlığa faydalı olmasını Cenâb-ı Allah'tan diliyoruz.

İTİKAD

İTİKAD

- DİN
- İMAN

DİN

● Din Ne Demektir?   ● Dinin Çeşitleri   ● İslâm Dini'nin Özellikleri

Din Ne Demektir?

Allah tarafından, insanların mutluluğu için gönderilen hayat kurallarına "DİN" denir.

Dinler ve İnanç Grupları

1 - İslam

Biz Müslümanlar için İslam, Allah tarafından Hz. Muhammed (s.a.v.) aracılığıyla insanlığa gönderilen son ve hak dindir.

2- Ehl-i Kitap (Kitap Ehli)

Yahudilik ve Hristiyanlık da Allah tarafından vahyedilmiştir ve Tevrat ile İncil gibi kutsal kitaplara sahiptir. Müslümanlar bu kitapların orijinallerinin tam olarak korunmadığına inanmakla birlikte, önemlerini kabul ederler.

3- Diğer Dinler

Şamanizm, Hinduizm ve Budizm gibi dinler, İslam ile örtüşmeyen ve ilahî bir kaynağı olmayan farklı geleneklere dayanmaktadır.

İslâm Dininin Bazı Özellikleri

● Tüm insanlığa gönderilmiştir.

● Hiç kimse Müslüman olmaya zorlanamaz.

● İslâm'a göre herkes eşittir. Üstünlük ölçüsü Allah'a olan bağlılığa (takvâya) göredir.

● Eşi, benzeri ve ortağı olmayan "Bir Allah" inancı vardır.

● İslâm akla, ilme ve düşünceye önem verir.

● İslâm'da dünya ve âhiret dengesi vardır.

"Şüphesiz, Allah katında din İslâm'dır."

(Âl-i İmrân sûresi, 19. âyet)

İMAN

- İmanın Tanımı
- İmanın Esasları

İmanın Tanımı

İman, güven içinde olmak, tasdik etmek ve inanmaktır.

Allah tarafından Peygamberimiz (s.a.v.)'e gönderilen esaslara gönülden inanmaktır.

İman, kalb ile tasdik etmek, dil ile söylemektir. Bir insan dili ile "Müslümanım" der fakat kalbi ile bu sözü tasdik etmezse, bu insan iman etmiş sayılmaz.

İmanın Şartları

1 - Allah'a iman

2- Meleklere iman

3- Kitaplara iman

4- Peygamberlere iman

5- Âhiret gününe iman

6- Kader ve kazaya iman

ALLAH'A İMAN

Yaşadığımız dünyaya baktığımız zaman sayısız canlı ve cansız varlık görürüz. Ağaçlar, kuşlar, çiçekler ve taşlar gibi varlıkların kendiliğinden meydana gelmediğini anlarız. Güzel bir resim gördüğümüzde, bunu yapan bir ressamın varlığını kabul ederiz. Kullandığımız her eşyanın mutlaka bir usta tarafından yapıldığını biliriz.

İçinde yaşadığımız dünyanın, ay ve güneşin, sayısız canlı-cansız varlığın da bir yaratıcısı vardır. Bu yaratıcı; eşi ve benzeri olmayan yüce Allah'tır.

Akıl sahibi ve ergenlik çağına girmiş her insanın Allah'a inanması farzdır.

Allah'ın Sıfatları

Allah'ın sıfatları "Zâtî ve Subûtî" olmak üzere iki çeşittir.

1 - Zâtî (Özel) Sıfatlar:

Zâtî sıfatlar, sadece Allah'a ait olan, başka hiçbir varlıkta bulunmayan sıfatlardır. Bunlar altı tanedir.

Vücud	Allah'ın var olması.
Kıdem	Varlığının başlangıcının olmaması.
Beka	Varlığının sonunun olmaması.
Vahdaniyyet	Allah'ın bir olması.
Muhalefetün li'l-havâdis	Yarattıklarının hiçbirine benzememesi.
Kıyam binefsihi	Varlığının kendinden olması.

2- Subûtî Sıfatlar:

Subûtî sıfatlar, Yüce Allah'ın kendisine ait olan sınırsız sıfatlarıdır. Bu sıfatların benzerleri, sınırlı olarak diğer varlıklara da Allah tarafından verilmiştir. Bunlar sekiz tanedir.

Hayat	Allah'ın canlı olması.
İlim	Allah'ın her şeyi bilmesi.
Semi'	Allah'ın her şeyi duyması.
Basar	Allah'ın her şeyi görmesi.
İrade	Her şeyin sadece Allah'ın dilemesi ile olması.
Kudret	Allah'ın her şeye gücünün yetmesi.
Kelâm	Allah'ın konuşması.
Tekvin	Allah'ın yaratması.

ALLAH'I ÇOK SEVİYORUZ

Allah vardır, birdir. Eşi, benzeri, ortağı, yardımcısı, oğlu ve kızı yoktur. Doğurmamış, doğurulmamıştır. Yoktan var eden O'dur.

Dağları, taşları, ağaçları, kurtları, kuşları, böcekleri Allah yaratmıştır. Gök, ay, güneş ve yıldızlar O'nun eseridir. Ne başlangıcı, ne de sonu vardır.

Her şeyi duyar, görür ve bilir. Biz "Lâ ilâhe illallah" diyerek, Allah'tan başka ilâh olmadığını söyleriz. Bu söz dinimizin temelidir.

Biz sadece O'na inanır ve O'na güveniriz. Ancak O'na ibâdet eder ve ancak O'ndan yardım isteriz. O bizi; bu dünyaya, kendisini tanıyıp ibâdet etmemiz için göndermiştir.

Mustafa BAŞARAN

RABBİM

Ben her sabah kalkınca,
Rabbime şükrederim.
İşlerime başlarken,
Hemen Bismillah derim.

Bisküvileri yerken,
Yudumlarken çayımı,
Aklıma gelir hemen,
Unutmam Allah'ımı.

Bazen okul zor gelir,
Her şeyi başaramam.
Aklıma Rabbim gelir,
O zaman hiç zorlanmam.

Hemen dua ederim!
Rabbim duyar sesimi.
Ya Rab yardım et! derim,
Açınca ellerimi.

O yaratandır bizi,
Ve dünyaya gönderen.
Gösterip sevgimizi,
Şükretmeliyiz hemen.

Rasûlü yaratansın,
Bizlere yollayansın,
Bu küçük kalbim senin,
Sen benim Allah'ımsın.

Mustafa BAŞ

İNKÂRCININ SONU (Küçük Numan'ın Zekâsı)

Küçük Esra, kendisinden iki yaş büyük olan abisinin kitaplığının yanında durmuş, neye nereden başlayacağını bilemiyordu. Çok üzülmüştü. Kendi kendine mırıldanmaya başladı.

Dedesine dönerek: - Dedeciğim, bugün okulda, bir çocuk bana: "Ben Allah'a inanmıyorum. Her şey kendiliğinden meydana gelmiştir. Eğer Allah varsa göster bakalım" dedi. Ben de "inanmazsan inanma, elbette Allah vardır." dedim. Ama daha fazla birşey söyleyemedim. Onun için de çok üzüldüm..."

Esra'nın dedesi, torununun anlattıklarına çok üzülmüştü. Derin bir nefes alarak anlatmaya başladı:

- Bak Esracık! Sana bir hikâye anlatacağım. Dikkatle dinlemeni istiyorum. Bir zamanlar, Bağdat şehrinde Numan isminde zeki mi zeki, akıllı mı akıllı bir çocuk varmış. Numan okula gidiyor, hocasından bütün ilimleri öğrenmeye çalışıyormuş. Bir gün Numan'ın yaşadığı şehre, Allah'ı inkâr eden, her şeyin kendiliğinden meydana geldiğini, iddia eden bir adam gelmiş. Bu adam, insanların inancını sarsmak için onlarla tartışmaya girişiyormuş. Esra dikkatle dinliyordu. Dede, soluklanmak için biraz durdu.

Esra heyecanla;
- Hadi dedeciğim hadi, sonra ne olmuş? diye atıldı. Dedesi torununun başını okşayarak, anlatmaya devam etti: Numan'ın hocası, Numan'ın bu inkârcı adamla tartışmasını istemiş, Numan da bunu kabul etmiş. Hemen halka haber verilmiş, ilan yapılmış. Tartışma yerine büyük bir kürsü kurulmuş. Tartışma günü, halk, akın akın tartışma yerine gelmiş. Allah'ı inkâr eden dinsiz adam, kürsüye çıkarak gururla oturmuş. Ama bizim küçük Numan hâlâ

görünürlerde yokmuş. Toplanan halk Numan'ın gelmemesine üzülüyormuş.
İnkârcı adam ise, halka tepeden bakıyor,
"Korktu da ondan gelmedi."diyor, alaylı alaylı gülüyormuş.
Derken bizim küçük Numan çıkagelmiş. İnançsız adam:

- Nerede kaldın, yoksa korktun mu, tartışmaktan vaz mı geçtin?
diye alay etmeye başlamış. Numan, cesur adımlarla adama
yaklaşmış ve:

- Benim evim nehrin öbür tarafında. Tam nehrin kıyısına
geldiğimde köprünün yıkılmış olduğunu gördüm. Çaresizliğimi
anlayan ağaçlar, kendiliğinden kesildi, biçildi, tahta haline geldi.
Keser ve çiviler kendiliğinden uçuşarak geldiler. Tahtalar
kendiliğinden yanyana gelip sandal şeklini aldılar. Çiviler,
kendiliğinden çakıldı. İş bitince, ben de sandala binip geldim.
Bu yüzden geç kaldım, diye cevap vermiş. Adam, gururlu gururlu:

- Be hey akılsız çocuk! Hiç kendi kendine, usta olmadan sandal olur mu?
Diye kahkahayla gülmeye başlamış. Küçük Numan:

- Bir kayığın bile usta olmadan, kendiliğinden olacağını kabul etmiyorsun da, canlı
ve cansız bütün varlıkların, bir yaratıcı olmadan meydana gelebileceğini nasıl kabul
ediyorsun? deyince, inkârcı adam neye uğradığını şaşırmış ve:

- Madem ki, Allah var, o zaman Allah'ı bana göster, ben görmediğim şeye inan-
mam, demiş. Numan, bir bardak süt istemiş ve adama bardaktaki sütü göstererek:

- Bu sütün içinde yağ var mı? diye sormuş. Adam, evet cevabını verince Numan:
- Madem ki, bu sütün içinde yağ var, öyleyse bana yağı göster, demiş. Adam daha
da şaşırmış. Numan'ın verdiği cevaplar toplanan halkı çok sevindirmiş. Şaşıran ve
perişan olan inkârcı adam ise:

- Peki öyleyse, son bir soru daha sorayım, demiş.

Küçük Numan:
- Sor bakalım, demiş.

- Senin Rabbin şimdi ne işle meşguldür? diye sorunca;

- Soru soranın yukarıda, cevap verenin aşağıda olması yakışmaz. Sen oradan in de ben çıkayım deyince, adam mecburen kürsüden inmiş. Küçük Numan, emin adımlarla kürsüye çıkmış ve:
- Benim Rabbim, senin gibi bir inkârcıyı şu anda bu kürsüden aşağı indirdi, benim gibi inançlı bir çocuğu da buraya çıkardı, demiş. İnkârcı adam ne diyeceğini, neyapacağını şaşırmış ve yenilgiyi kabul ederek hemen şehri terketmiş. Esra heyecanla:

- Yaşasın! Ne kadar güzel cevap vermiş, diye bağırdı.
Dedesi, torununun başını okşayarak:
- Evet Esracık, işte böyle! Küçük Numan okumuş, kendisini yetiştirmiş ve büyüyünce
İmâm-ı Âzam adını almış. Benim küçük torunum da, okuyacak, dinini öğrenecek ve başkalarına da öğretecek inşaallah...
Esra, gözleri ışıl ışıl:

- Dedeciğim, ben de söz veriyorum, bundan sonra daha çok kitap okuyup dinimi öğreneceğim ve başkalarına da öğreteceğim, diyerek dedesinin boynuna sarılmış.

Zülküf GÜL

NELER ÖĞRENDİK?

1 - Dinler ve İnanç Grupları:
   a- İslâm
   b- Ehl-i Kitap Dinleri (Kitap Ehli)
   c- Ehl-i Kitap'a Dahil Olmayan Dinler

2- Hak dine "İlâhî Din" veya "Semâvî Din" denir.

3- Tek hak din, İslâm dini'dir.

4- Aslı bozulmuş dinler, Yahudilik ve Hristiyanlık'tır.

5- Tek Allah inancına dayanmayan ve insanlar tarafından uydurulan dinlere "Bâtıl Dinler" denir.

6- İslâm:

- Tüm insanlığa gönderilmiştir.
- İslâm'a göre hiç kimse Müslüman olmaya zorlanamaz.
- Üstünlük takvâya göredir.
- İslâm, akla ve ilme önem vermiştir.

7- İman, güven içinde olmak ve tasdik etmek demektir.

8- Allah'ın sıfatları; zâtî ve subûtî olmak üzere iki çeşittir.

9- Zâtî sıfatlar:
Vücud, Kıdem, Beka, Vahdaniyet, Muhalefetün li'l-havadis, Kıyam binefsihi'dir.

10- Subûtî sıfatlar:
Hayat, İlim, Semi', Basar, İrade, Tekvin, Kudret, Kelâm'dır.

NELER ÖĞRENDİK?

1 -

NELER ÖĞRENDİK?

1- Aşağıdaki boşlukları doldurunuz.

a- İman güven içinde olmak, tasdik etmek ve _____ mânalarına gelir.

b- Bir insan dili ile Müslümanım der fakat _____ ile kabul etmez ise iman etmiş sayılmaz.

c- İman _____ tasdik, ____ ile söylemektir.

2- İmanın şartlarını yazınız.

a-　_____　　d-　_____

b-　_____　　e-　_____

c-　_____　　f-　_____

3- Allah'ın her şeyi bilmesine _____ denir.　　4- Vahdaniyet : Allah'ın _____ olmasıdır.

5- Allah'ın her şeyi duymasına _____ denir.　　6- Tekvin : Allah'ın her şeyi _____ demektir.

7- Allah'ın her şeyi görmesine _____ denir.　　8- Hayat : Allah'ın _____ olması demektir.

9- Allah'ın her şeye gücünün yetmesi sıfatına _____ denir.

10- Allah'ın sıfatları ile ilgili doğru eşleşmeleri yapınız.

Vücud	☐	☐ Varlığının kendisinden olması
Kıyam binefsihi	☐	☐ Yarattıklarının hiçbirine benzememesi
Kıdem	☐	☐ Allah'ın her şeyi görmesi
Muhalefetün li'l-havadis	☐	☐ Varlığının sonunun olmaması
Basar	☐	☐ Varlığının başlangıcının olmaması
Beka	☐	☐ Allah'ın yaratması
Tekvin	☐	☐ Allah'ın var olması

KÜÇÜĞE SORULAR

Kim verdi gülen gözleri,
Bilir misin mini çocuk?
O tatlı dil o sözleri,
Bilir misin mini çocuk?

Kıpır kıpır dudakları,
Çiçek çiçek yanakları,
Kim yürütür ayakları,
Bilir misin mini çocuk?

Kıvır kıvır o saçları,
Pamuk pamuk avuçları,
Kim süslüyor ağaçları,
Bilir misin mini çocuk?

Anne, baba, bacı, kardeş,
Isıtan, ışıtan güneş,
Bu nasıl tükenmez ateş,
Bilir misin mini çocuk?

Toprakta ne mârifet bu,
Her yan türlü nimet dolu,
Nasıl durur bulutta su,
Bilir misin mini çocuk?

Aç kollarını sevgiye,
Cennet verilsin hediye,
Geldik dünyaya ne diye,
Bilir misin mini çocuk?

"Kulluk" yapanlar seçilir,
Sırat kolayca geçilir.
Cennete böyle uçulur,
Bilir misin mini çocuk?

Tüm bunların sahibinin,
Kâinatın mâlikinin,
Yüce Allah olduğunu,
Elbet bilir mini çocuk.

Nuri KAHRAMAN

MELEKLERE İMAN

- Meleklere İman
- Büyük Melekler
- Diğer Bazı Melekler
- Meleklere İnanmanın Faydaları

Meleklerin varlığına inanmak, imanın şartlarındandır. Meleklerin bazı özellikleri:

- Nurdan yaratılmışlardır.
- Yemezler, içmezler.
- Allah'ın verdiği emirleri yerine getirirler.
- Erkeklikleri ve dişilikleri yoktur.
- Evlenmezler ve çoğalmazlar.
- Allah'a isyan etmezler.

Büyük Melekler

Cebrâil (a.s.): Vahiy meleğidir. Allah'ın emirlerini peygamberlere bildirmekle görevlidir.

Azrâil (a.s.): Ölüm vakti gelenlerin canlarını, Allah'ın izniyle, almakla görevlidir.

Mikâil (a.s.): Tabiat olaylarının meydana gelmesi ile görevlidir.

İsrâfil (a.s.): Dünya hayatının sona erdiğini ve âhiret hayatının başladığını bildirmekle görevlidir.

Diğer Bazı Melekler ve Görevleri

1. Kirâmen Kâtibîn: İnsanların günah ve sevaplarını yazmakla görevlidirler. Sağ ve sol omzumuzda bulunurlar.
2. Münker ve Nekir Melekleri: Ölen her insana kabirde soru sormakla görevli meleklerdir.
3. Hafaza Melekleri: İnsanları koruyan meleklerdir.

Meleklere İnanmanın Faydaları

➤ Melekler, insanlara dua ederler, hak yolunu gösterirler.

➤ Meleklere inanan kimse huzurlu olur.

➤ Meleklere inanan, onların daima kendisi ile birlikte olduğunu düşünür ve korkmaz.

➤ Melekler iyiliğe, şeytan kötülüğe çağırır.

➤ Meleklere inanan insan, her hareketinin (sevap, günah) melekler tarafından yazıldığını düşünür ve kötülükten uzaklaşır.

ALLAH'IN MELEKLERİ

Allah'ın yarattığı her şeyi göremeyiz,
Varlığını hisseder fakat el süremeyiz...

Duyulmaz kelebeğin kanadından çıkan ses,
Havayı görmesek de alırız nefes nefes...

Isıtır, aydınlatır, motorları işletir,
Elektrik denilen gücü kim görebilir...

Hiçbir göze görünmez hiçbir meyvenin tadı,
Güllerin kokusunu gözle gören olmadı...

Görmeden biliyoruz nurdan kelebekleri,
Dolaşır aramızda Allah'ın melekleri...

Yapayalnızken bile dertli değildir başım,
Sağımda ve solumda melekler arkadaşım...

Ben onları göremem onlar beni görürler,
Güzel düşüncelere güç ve kuvvet verirler...

Gökhan EVLİYAOĞLU

SORULAR

1 - Hangileri doğrudur? İşaretleyiniz.

Melekler:

☐ a- Topraktan yaratılmışlardır.   ☐ c- Yemezler-İçmezler.

☐ b- Evlenip çoğalırlar.   ☐ d- Allah'a isyan etmezler.

2- Hangileri doğrudur? İşaretleyiniz.

☐ a- Mikâil (a.s.), ölüm meleğidir.

☐ b- Cebrâil (a.s.), vahiy meleğidir.

☐ c- İsrâfil (a.s.), tabiat olaylarıyla görevlidir.

☐ d- Azrâil (a.s.), canlıların ruhunu alır.

3- İnsanları koruyan meleklere .... melekleri denir.

4- Kirâmen Kâtibîn adlı melekler, kabirde soru sormakla görevlidir.

☐ a- Doğru   ☐ b- Yanlış

5- Melekler insanları ...., şeytan ise .... çağırır.

6- Meleklere inanan kimse, onların daima kendisiyle beraber olduğunu bilir

ve .... ayrıca, her hareketinin melekler tarafından yazıldığını

bilir ve .... uzaklaşır.

KİTAPLARA İMAN

- Kitaplara İman
- Sahifeler
- Aslı Bozulmuş Kitaplar
- Aslını Korumuş Kitap

Allah Teâlâ, insanları hakka davet etmek, sapıklıktan kurtarmak için, peygamberler aracılığıyla kitaplar göndermiştir.

Bunlar ilâhî kitaplardır. İlâhî kitaplara "Semâvî Kitaplar" veya "Kutsal Kitaplar" da denir. Bu kitaplar, insanların dünya ve âhiret mutluluklarını sağlamak için gönderilmiştir.

Allah tarafından gönderilen kitaplar üç kısımdır:

1 - Aslı tamamen kaybolmuş kitaplar (Sahifeler).
2- Aslı bozulmuş kitaplar (Tevrat, Zebûr, İncil).
3- Aslını korumuş kitap (Kur'ân-ı Kerîm).

Sahifeler

Bunlar "Suhuf" denilen sayfalardır. Bu sayfalar günümüze kadar ulaşmamıştır. Bunların peygamberlere gönderildiğini Kur'ân-ı Kerîm haber vermektedir.

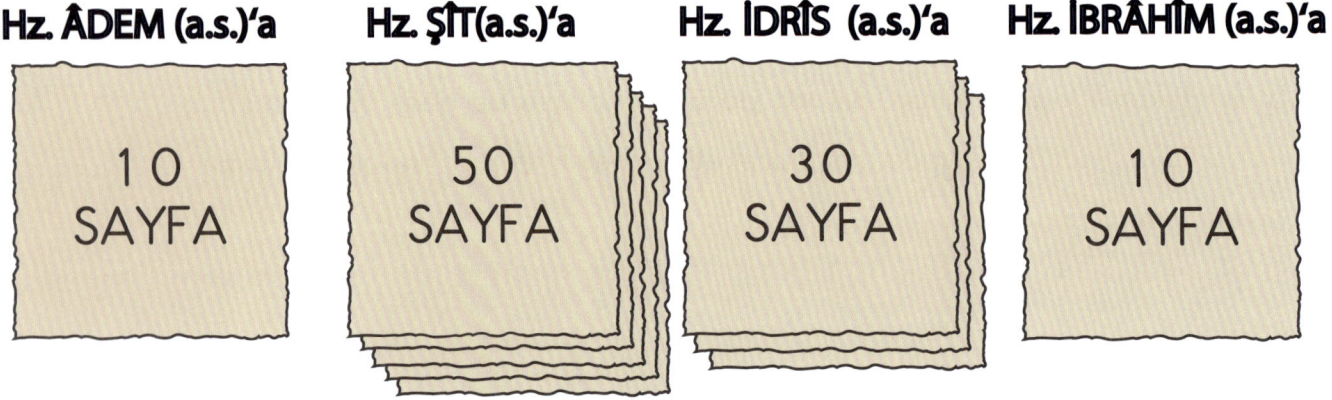

Hz. ÂDEM (a.s.)'a	Hz. ŞÎT(a.s.)'a	Hz. İDRÎS (a.s.)'a	Hz. İBRÂHÎM (a.s.)'a
10 SAYFA	50 SAYFA	30 SAYFA	10 SAYFA

2- Aslı Kısmen Bozulmuş Kitaplar

Bu kitaplar insanlar tarafından kısmen değiştirilmiş şekliyle mevcuttur. Müslümanlar olarak bizler, ilk gönderildikleri (vahyedildikleri) şekline inanırız.

TEVRAT	Hz. Mûsâ (a.s.)'a gönderilmiştir.
ZEBÛR	Hz. Dâvûd (a.s.)'a gönderilmiştir.
İNCİL	Hz. Îsâ (a.s.)'a gönderilmiştir.

3- Aslı Korunmuş (Bozulmamış) Kitap:

Kur'ân-ı Kerîm, Peygamberimiz'e âyet âyet, sûre sûre gönderildi. Gelen âyet ve sûreler, Peygamberimiz tarafından sahâbelere okunurdu. Sahâbeler, bunları hem ezberler, hem de yazarlardı. Ayrıca bu âyet ve sûreleri yazmakla görevli vahiy kâtipleri vardı.

Kur'ân-ı Kerîm, bütün insanlığın mutluluğunu sağlayan inanç, amel ve ahlâk esaslarını içine alır.

İlim ne kadar ilerlerse ilerlesin bu bilgilerin hiçbiri Kur'an'a aykırı düşmez. Bunun içindir ki, Kur'an'ın en büyük dostu ilim, en büyük düşmanı cehâlettir.

Kur'an, kıyamete kadar aslını koruyacaktır. Çünkü âyette şöyle buyurulur:

"Hiç şüphe yok ki, Kur'an'ı biz indirdik ve yine onu biz koruyacağız."

(Hicr sûresi, 9. âyet)

Peygamberimiz (s.a.v.) de şöyle buyurmuştur:

"Sizin en hayırlınız Kur'an'ı öğrenen ve öğreteninizdir."

Kur'ân-ı Kerîm

➤ Allah Teâlâ'nın vahyettiği (gönderdiği) şekliyle korunmuştur.

➤ Kıyamete kadar da korunacaktır.

➤ Arapça olarak indirilmiştir.

➤ Hz. Ebû Bekir zamanında kitap haline getirilmiştir

➤ Bugün, Kur'an'ı binlerce hafız ezberlemekte ve hafızalarda kalmaktadır.

➤ Kur'ân-ı Kerîm'de 114 sûre vardır ve yaklaşık 6666 âyettir.

Kitaplara iman eden insan;

- Allah'ın insanlara dünya hayatında yol gösterdiğini bilir. Bundan dolayı Allah'a teşekkür eder.

- Allah'ın kitabını okur, anlamaya ve uygulamaya çalışır.

NELER ÖĞRENDİK?

1 - Melekler, Allah'ın verdiği emirleri yerine getirirler.

2- Melekler; yemezler, içmezler, evlenmezler, çoğalmazlar. Allah'a isyan etmezler.

3- Meleklerin çeşitleri:
- Dört büyük melek: Cebrâil, Azrâil, Mikâil ve İsrâfil (a.s.)'dır.
- Kirâmen Kâtibîn melekleri, sevap ve günahları yazarlar.
- Hafaza melekleri, insanları koruyan meleklerdir.
- Münker ve Nekir melekleri, ölen insanlara kabirde soru sormakla görevli meleklerdir.

4- Melekler iyiliğe, şeytan kötülüğe çağırır.

5- İlâhî Kitaplar'a "Semâvî Kitaplar" veya "Kutsal Kitaplar" da denir.

6- İlâhî Kitaplar üç kısma ayrılır:
- a- Aslı tamamen kaybolmuş kitaplar: Sahifeler
- b- Aslı bozulmuş kitaplar: Tevrat, Zebûr ve İncil
- c- Aslını korumuş kitap: Kur'ân-ı Kerîm

7- Müslümanlar olarak bizler, Tevrat, Zebûr ve İncil'in gönderildikleri şekline inanırız.

8- Kur'ân-ı Kerîm, vahyedildiği şekliyle korunmuştur. Kıyamete kadar da korunacaktır.

9- Peygamberimiz (s.a.v.) , "Sizin en hayırlınız Kur'an'ı öğrenen ve öğreteninizdir." buyurmuştur.

NELER ÖĞRENDİK?

1 -

SORULAR

1- Allah tarafından gönderilen kitaplar üçe ayrılır:

a- _____

b- _____

c- _____

2- Hangi suhuf, hangi peygambere inmiştir?

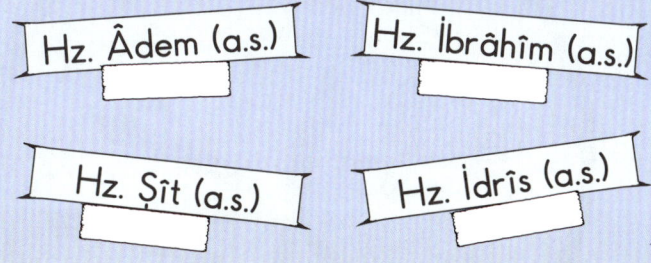

Hz. Âdem (a.s.)	Hz. İbrâhîm (a.s.)
Hz. Şît (a.s.)	Hz. İdrîs (a.s.)

 50 Sayfa   30 Sayfa

10 Sayfa   10 Sayfa

3- Hangi kitap hangi peygambere inmiştir?

Kur'ân-ı Kerîm	Hz. Dâvûd (a.s.)
İncil	Hz. Mûsâ (a.s.)
Tevrat	Hz. Îsâ (a.s.)
Zebûr	Hz. Muhammed (s.a.v.)

4- Birer örnek verelim.

☙ Aslı tamamen kaybolmuş kitaplar

_____

☙ Aslı bozulmuş kitaplar

_____

☙ Aslını korumuş kitap

_____

PEYGAMBERLERE İMAN

- Peygamberlere İman
- Kur'an'da İsmi Geçen Peygamberler
- Resul ve Nebî
- Mucize
- Peygamberlerin Sıfatları
- Peygamberlere Olan İhtiyaç
- Peygamberlerin Tebliğ Ettiği Dinde Aynı Olan Esaslar
- Peygamberimiz'in Bazı Mucizeleri

Peygamberlere iman, imanın şartlarındandır. Peygamberler, Allah'ın emir ve yasaklarını insanlara bildirmekle görevlidirler.

Peygamberlik, çalışmakla elde edilen bir makam değildir. Allah Teâlâ, seçtiği insanlara peygamberlik vermiştir.

Allah, her topluluğa peygamber göndermiştir. Kur'ân-ı Kerîm'de ismi geçen peygamberlerin sayısı 25'tir. İsmi geçen üç kişinin ise peygamber olup olmadığı belli değildir. Bunlar: Üzeyir (a.s.), Lokmân (a.s.) ve Zülkarneyn (a.s.)'dır.

Kur'ân'da İsmi Geçen Peygamberler

1 - Hz. Âdem (a.s.)
2- Hz. İdrîs (a.s.)
3- Hz. Nûh (a.s.)
4- Hz. Hûd (a.s.)
5- Hz. Sâlih (a.s.)
6- Hz. İbrâhîm (a.s.)
7- Hz. Lût (a.s.)
8- Hz. İsmâil (a.s.)
9- Hz. İshâk (a.s.)

10- Hz. Yâkub (a.s.)
11 - Hz. Yûsuf (a.s.)
12- Hz. Eyyûb (a.s.)
13- Hz. Şuayb (a.s.)
14- Hz. Mûsâ (a.s.)
15- Hz. Hârûn (a.s.)
16- Hz. Dâvûd (a.s.)
17- Hz. Süleyman (a.s.)
18- Hz. Yûnus (a.s.)

19- Hz. İlyâs (a.s.)
20- Hz. Elyesa' (a.s.)
21 - Hz. Zülkifl (a.s.)
22- Hz. Zekeriyyâ (a.s.)
23- Hz. Yahyâ (a.s.)
24- Hz. Îsâ (a.s.)
25- Hz. Muhammed (s.a.v.)

Resul ve Nebî

Peygamberler, resul ve nebî olmak üzere ikiye ayrılır.

Resul: Kendisine yeni bir şeriat ve kitap verilen peygamberlere denir.

Nebî: Yeni bir şeriat ve kitap verilmeyen, kendisinden önceki peygamberin şeriatıyla amel eden peygamberlerdir.

Mucize

Peygamberler, peygamber olduklarını isbat etmek için bazı olağanüstü olaylar gösterirler. Peygamberlerin, Allah'ın izni ve yardımı ile gösterdikleri bu olaylara "Mucize" denir.

Peygamberlerin Sıfatları

PEYGAMBERLERİN SIFATLARI

- **Sıdk**
Yalan söylememeleridir.
Peygamberler sözleri ve hâlleri ile doğru kişilerdir.

- **Emanet**
Güvenilir olmalarıdır.
Peygamberlerin hepsi dürüst ve güvenilir kişilerdir.

- **Fetânet**
Zeki olmalarıdır.
Peygamberler akıllı ve zeki kimselerdir.

- **İsmet**
Günahsız olmalarıdır.
Peygamberler küçük ve büyük, her türlü günahtan korunmuştur.

- **Tebliğ**
Vahyi bildirmeleridir.
Allah'tan aldıkları vahyi olduğu gibi, eksiksizce insanlara bildirmişlerdir.

Peygamberlere Olan İhtiyaç

- Dinî kuralların neler olduğunu anlamamız için peygamberlere ihtiyacımız vardır.
- İbâdetlerin ne şekilde yapılacağını peygamberler öğretir.
- İyiyi ve kötüyü, hayrı ve şerri öğrenebilmek için peygamberlere ihtiyaç vardır.
- İnsanların toplum içindeki davranışlarını peygamberler öğretir.

Peygamberlerin Tebliğ Ettikleri Dinde Aynı Olan Esaslar

İlk peygamber Hz. Âdem'den, son peygamber Hz. Muhammed (s.a.v.)'e kadar bütün peygamberler, ümmetlerini bazı esaslara göre eğitmişlerdir.

Bunlar:

a- İman esasları
b- İbâdetler
c- Ahlâk kurallarıdır.

Zamanın değişmesi ile bu hükümlerin bir kısmı değişmiş, ancak iman esaslarında ise hiçbir değişiklik olmamıştır.
Hz. Muhammed (s.a.v.) ile birlikte en son ve en mükemmel din olan İslâm gönderilmiştir.

Peygamberimiz'in Bazı Mucizeleri

Peygamberimiz, birçok mucize göstermiştir. Bunlardan bazıları şunlardır:

- Peygamberimiz'in en büyük mucizesi Kur'ân-ı Kerîm'dir.

- Peygamberimiz'in bir gecede Mescid-i Harâm'dan Mescid-i Aksâ'ya götürülmesi, oradan Cebrâil (a.s.) ile birlikte göklere yükselmesi (İsrâ ve Mir'ac olayı).

- Peygamberimiz'in bir hurma kütüğü üzerinde hutbe okuduktan sonra, hurma kütüğünün inlemesi.

- Peygamberimiz'in gökteki ayı ikiye ayırma mucizesi (Şakku'l-Kamer olayı).

- Peygamberimiz'in hicreti esnasında, Sevr Dağı'nda sığındıkları mağara girişinin örümcekler tarafından ağ ile örülmesi ve güvercinin yumurta yapması.

Peygamberimiz'in Üstün Yönleri

1 - Peygamberimiz bütün yaratılmışların en üstünü ve en şereflisidir.

2- Bütün insanların ve cinlerin peygamberidir.

3- Peygamberliği kıyamete kadar geçerlidir.

4- Son peygamberdir.

SORULAR

1- Boşlukları doldurunuz.

- Kur'ân-ı Kerîm'de adı geçen peygamber sayısı [____] tir.
- Üç kişinin peygamber olup olmadığı noktasında kesin bilgi yoktur. Bunlar

[____] [____] [____]

- Peygamberlerin sözleri ve hâlleri ile doğru olmalarına [____] denir.
- Kendisine vahiyle birlikte yeni bir kitap verilen peygamberlere [____] denir.
- Peygamberlerin zeki ve akıllı olmalarına [____] denir.

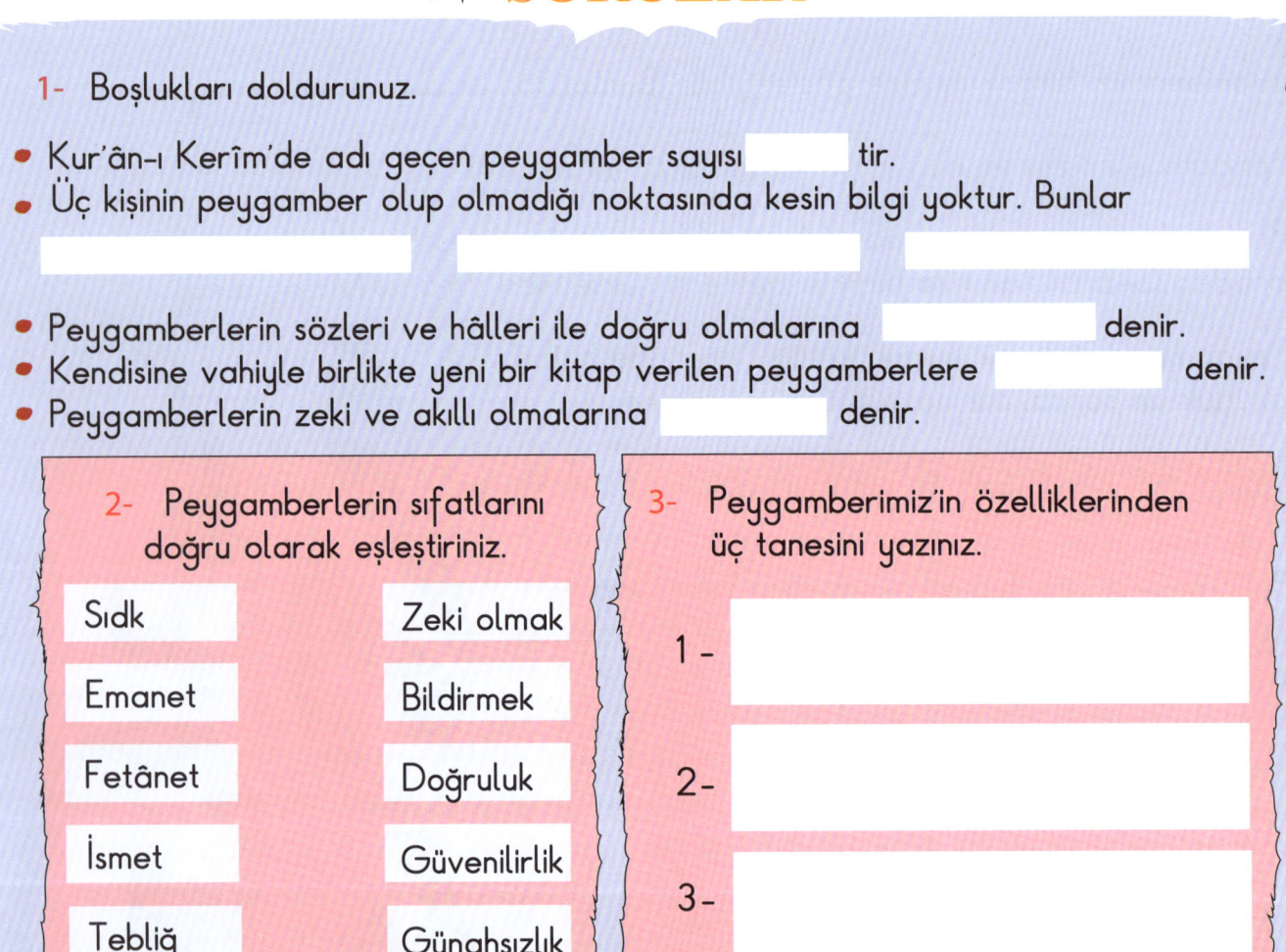

2- Peygamberlerin sıfatlarını doğru olarak eşleştiriniz.

Sıdk	Zeki olmak
Emanet	Bildirmek
Fetânet	Doğruluk
İsmet	Güvenilirlik
Tebliğ	Günahsızlık

3- Peygamberimiz'in özelliklerinden üç tanesini yazınız.

1 - [____]

2 - [____]

3 - [____]

4- Peygamberlerin tebliğ ettikleri dinlerde bir olan esaslar nelerdir?

1 - [____]   2 - [____]   3 - [____]

ÂHİRET GÜNÜNE İMAN

- Âhiret Gününe İman
- Âhiret Gününe İnanmanın Faydaları
- Âhiretin Bazı Hâlleri

Bu dünyanın sona ermesi ile başlayan yeni ve sonsuz hayata "Âhiret Hayatı" denir.

Dünya insan için bir imtihan yeridir. Dünyada insana akıl ve irade verilmiştir. Peygamberler ve kitaplarla, doğru ve yanlış yollar gösterilmiştir. İyi amel işleyenlerin cennete, kötü amel işleyenlerin cehenneme gideceği bildirilmiştir. Durum böyle olunca, insanlar bir ömür boyu yaptıklarından hesap vereceklerdir.

Yaptıklarından dolayı hesap vereceğine inanan insan, bu sorumluluk altında hareketlerini daha iyi düzenleyerek, iyi bir Müslüman olma yönünde gayret eder.

Âhiret Gününe İnanmanın Faydaları

Âhiret gününe inanmak:

- İnsana, dünyaya gönderilişinin amacını öğretir,
- İnsana, sorumluluk duygusu kazandırır,
- İnsanı teselli eder, üzüntüsünü giderir,
- İnsanı haksızlıktan ve zulüm yapmaktan alıkoyar,
- İnsanı iyilik yapmaya, hayır işlemeye sevk eder,
- Âhirete inanan topluluklar huzur ve barış içinde yaşarlar.

ÂHİRET

Ölünce bir ebedi,
Hayata doğarız biz.
Âhirete inanır,
Şeytanı kovarız biz.

Haktır cennet, cehennem,
Sırat, mizan ve kevser.
Hepsinin varlığını,
Haber verdi Peygamber.

Bir tohum nasıl yere,
Düşer de canlanırsa,
Nasıl uyuyan insan,
Uykudan uyanırsa.

Tıpkı öyle dirilir,
Ölen bütün insanlar,
İşte budur âhiret.
Benim de imanım var.

Ahmet EFE

Âhiretin Bazı Hâlleri

1 - Kabir Hayatı:
İnsan mezara konduktan sonra, Münker ve Nekir isimli iki melek gelir.
Ölen kimseye şu soruları sorarlar:

- Rabbin kimdir?
- Peygamberin kimdir?
- Dinin nedir?
- Kitabın nedir?

İmanlı ölen her insan, bu sorulara rahatlıkla cevap verecektir.

2- Yeniden Dirilme:
İsrâfil (a.s.) Sûr'a ikinci kez üfürünce bütün insanlar tekrar dirilecektir.

3- Haşr-Mahşer:

Toplanmak, bir araya gelmek demektir. İnsanların hesaba çekilmeleri için Allah tarafından "Mahşer" denen meydana toplanmalarına "Haşr" denir. O gün, herkes kendi derdine düşecektir.

4- Amel Defterleri:

Hesap vermek için toplanan insanlara amel defterleri dağıtılacaktır. Bu defterlerde, dünyada insanların işledikleri sevap ve günahları yazılıdır. Bu defterler, cennetliklere sağ taraftan; cehennemliklere ise sol ve arka taraftan verilecektir.

5- Hesap:

İnsanların, amel defterlerine göre hesaba çekilmesidir. İnsanlar "ömrünü ve gençliğini nerede geçirdiğinden, malını nereden kazanıp nereye harcadığından ve bildikleriyle amel edip etmediğinden" hesaba çekileceklerdir.

6- Mîzan:

Terazi anlamına gelmektedir. Âhirette hesaptan sonra herkesin amellerinin tartılacağı ilâhî adalet terazisidir.

7- Sırat:

Cehennemin üzerinden geçen bir yoldur (köprüdür). Bu köprüden sadece iman edip, iyi amel işlemiş olanlar geçebileceklerdir.

8- Şefaat:

Âhiret günü, Allah'ın izni ile peygamberlerin ve Allah'ın iyi kullarının, günahkâr olan mü'minler için bağışlanma istemeleridir.

9- Cennet:

Cennet, insanların iyi amelleri karşılığında ödüllendirildiği muhteşem bir yerdir.

10- Cehennem:

Cehennem, insanların kötü amelleri nedeniyle cezalandırıldığı bir yerdir.

11 - Havz-ı Kevser:

Peygamberimiz'in âhiretteki havuzudur. Kıyamet günü Peygamberimiz'in ümmeti, bu havuzdan içecek ve bir daha susuzluk çekmeyecektir.

NELER ÖĞRENDİK?

1 - Peygamberler, Allah'ın emir ve yasaklarını insanlara bildirmekle görevlidirler.

2- Kur'an'da 25 peygamberin ismi geçmektedir. Üç kişinin peygamber olup olmadığı belli değildir. Bunlar; Üzeyir, Lokmân ve Zülkarneyn'dir.

3- Yeni bir şeriat ve yeni bir kitap verilen peygamberlere "Resul", önceki peygamberin şeriatı ile amel eden peygamberlere de "Nebî" denir.

4- Peygamberlerin gösterdiği olağanüstü olaylara "Mucize" denir.

5- Peygamberlerin sıfatları beş tanedir:

　　a- Sıdk　　　　b- İsmet　　　c- Emanet　　d- Fetânet　　e- Tebliğ

6- Peygamberler; ümmetlerine, iman, ibâdet ve ahlâk esaslarını öğretmişlerdir.

7- Peygamberimiz (s.a.v.)'in birçok mucizesi vardır. Kur'ân-ı Kerîm, Mir'ac, Ayın ikiye ayrılması bunlardandır.

8- Dünyanın sona ermesiyle başlayan sonsuz hayata "Âhiret Hayatı" denir.

9- Bu dünya bir imtihan yeridir. Her insan, yaptıklarının hesabını âhirette verecektir.

1 0- Âhiret'in bazı halleri:

　　a- Kabir Hayatı: Öldükten sonra başlar, yeniden dirilmeye kadar devam eder.

　　b- Yeniden Dirilme: Bütün insanlar tekrar dirilecektir.

　　c- Haşr-Mahşer: İnsanlar mahşer denilen yerde toplanacaklardır.

　　d- Amel Defterleri: Sevap ve günahların yazılı olduğu defterlerdir. İnsanlara, sağdan, soldan ve arkadan dağıtılacaktır.

　　e- Hesap: İnsanlar, amel defterlerine göre hesaba çekilecektir.

　　f- Mîzan: Sevap ve günahların tartılacağı terazidir.

　　g- Sırat: Cehennem'in üzerine kurulan köprüdür.

　　h- Şefaat: Peygamberlerin, günahkârlar için Allah'tan af dilemeleridir.

　　i- Cennet: Devamlı mükâfat yeridir.

　　j- Cehennem: Devamlı kalınacak azap yeridir.

　　k- Havz-ı Kevser: Peygamberimiz (s.a.v.)'in âhiretteki havuzudur.

NELER ÖĞRENDİK?

1 -

SORULAR

1 - Aşağıdaki heceleri uygun şekilde birleştirerek âhiretle ilgili kavramları bulunuz.

SI	1	FAAT ☐	SIRAT
KA	2	ŞİR ☐	
HE	3	RAT 1	
MÜKA	4	BİR ☐	
HA	5	FAT ☐	
DEF	6	ŞER ☐	
MAH	7	ZAN ☐	
CEN	8	SAP ☐	
ŞE	9	NEM ☐	
MÎ	10	TER ☐	
CEHEN	11	NET ☐	

2- Bu dünyanın sona ermesi ile başlayan yeni ve sonsuz hayata .... denir.

3- Hangisi doğrudur?

☐ a- İnsanların hesap için toplanmalarına "Mahşer" denir.

☐ b- İnsanların hesap için toplanmalarına "Haşr" denir.

4- Cehennemin üzerine kurulan köprüye ne ad verilir?

☐ a- Havz-ı Kevser ☐ c- Sırat

☐ b- Hesap ☐ d- Mîzan

5- Peygamberimiz'in âhiretteki havuzuna .... denir.

6- Âhiret gününe inanmak, insana ....duygusu kazandırır.

7- Âhiret gününe inanmak, insanı .... yapmaya sevk eder.

KADER VE KAZAYA İMAN

- Kader ve Kazaya İman
- Kader ve Kaza Ne Demektir?

Kader ve kazaya inanmak, İslâm dininin altı iman esasından biridir. Kader ve kazaya iman etmek farzdır. İnkâr eden dinden çıkar.

Kader ve Kaza ne demektir?

Kader:
Yüce Allah'ın olmuş ve olacak şeylerin herbirinin zamanını ve yerini bilmesine ve o şekilde takdir etmesine kader denir.

Kaza:
Yüce Allah'ın takdir ettiği şeylerin zamanı gelince meydana gelmesine kaza denir.

Her şeyi takdir edip, yaratan Allah Teâlâ'dır. Fakat çalışıp kazanan, işi yapan kulun kendisidir. İyi ya da kötü, iki yönden birini beğenerek seçip almak, kula ait bir iştir. Kul iradesini (isteğini) ve seçimini hangi yöne sarfeder, hangi tarafı tercih ederse, Allah da onu yaratır.

Biz, Allah'ın verdiği güç ve kuvveti, iyi yönde de, kötü yönde de kullanırız. Allah Teâlâ, insanın isteği ne ise onu yaratır. Önünde; birinde acı, birinde tatlı su bulunan bir kimse, iki bardaktan hangisini isterse, Allah, insanın elini ona uzatma kuvvetini verir. Tatlı su almak isteyenin eli zorla acı suya götürülmez. Camiye gitmek isteyen de zorla meyhaneye sürüklenmez. Bu sebepten dolayı insanın, ben ne yaparsam yapayım, kaderim değişmez, diyerek tembellik etmesi doğru değildir.

Bazı konularda ise bizim irademizin bir etkisi yoktur. Etkimizin olmadığı işlerden ise sorumlu tutulmayacağız. Meselâ, dünyaya gelişimiz, ne zaman öleceğimiz, kadın veya erkek, beyaz yahut zenci, çekik gözlü ya da kızılderili olmamız gibi.

Üç Balık

Üç balık güzel ve şirin bir beldedeki küçük bir gölde tatlı tatlı oynaşıyor şakalaşıyordu. Birden uzaktan bir balıkçı teknesinin motor sesi duyuldu. Birinci balık arkadaşlarıyla kısa bir vedalaşmadan sonra hemen gölün derinliklerine dalarak tehlike bölgesinden hızla uzaklaştı.

İkinci balık ise, "Benim kaderim bir insanın midesine gıda olmaksa eninde sonunda mukadder olan son gelip çatacaktır. Beni yaratan belki de beni korur ve kurtulurum. Kaderden kaçılır mı hiç?" diyerek göl sularının serinliğinin tadını çıkarmaya ve gününü gün etmeye devam etti. "O dilerse benim yerime tedbir de alır takdiri de değiştirir." diye düşünüyor, tatlı tatlı oynaşmaya devam ediyordu.

Derken beklenen oldu ve balıkçının sert ağlarına takıldı ve kızgın bir mangalda köz kebap, ya da tavada kızartma olacakken birden kendini son bir çırpınışla gölün sularına atarak balıkçının ağından kurtuldu.

Üçüncü balık ise balıkçının motor sesini duyar duymaz hiç kıpırdamadan ve istifini bozmadan gölün serin sularında yüzmeye devam etti ve usta balıkçının ağlarına takılarak balıkçıya yem oldu.

KARNE HEDİYESİ

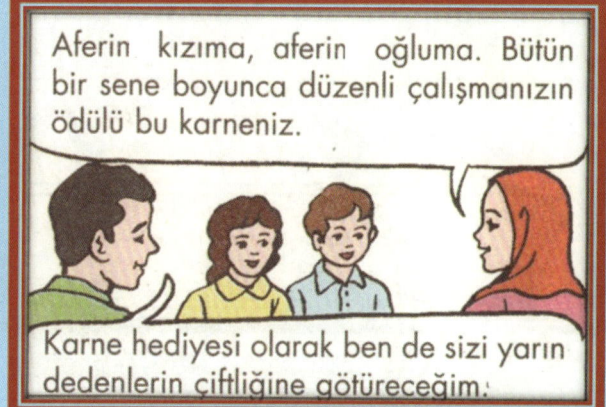

Duanızı ettiniz mi çocuklar? Baban arabasını kazalara karşı nasıl sigorta ettirmişse, biz de dua etmek suretiyle canımızı Allah'a sigorta ettirmiş oluruz.

"Bismillâhi mecraha ve mürsâhâ, inne rabbî leğafûrurrahim."

Mânâsı: "Vasıtanın gidişi de duruşu da Allah'ın adıyladır. Gerçekten Rabbim çok bağışlayandır, çok merhametlidir." diye yolculuk duasını okudu.

Aferin kızıma. Nûh peygamber de gemisine binince bu duayı okumuş, dünya çapındaki tufandan gemisini ve içindekileri böylece kurtarmıştı.

Yolda giderken arabanın tekerleği patlar.

Dedemlere geç kaldık.

Sanırım lastik patladı. Bunda da bir hayır (iyilik) vardır.

Ama küçük bir kaza. Belki de Yüce Allah, dualarımızın hürmetine başımıza gelebilecek daha büyük bir kazayı önledi. Bunu bilemeyiz.

Bir saat sonra...

Haydi gidelim çocuklar. Lastiği değiştirdim.

Yolda araçlar sıklaşır.

Çocuklar bakın ilerde kaza olmuş. Arabalar zincirleme kaza yapmış.

Bir saat önce sarhoş bir sürücü hatalı sollama yaptı. Arkasından peşpeşe kazalar oldu. Biraz bekleyeceksiniz.

Baba, bizim arabanın lastiği bir saat önce patlamıştı değil mi?

O zaman biz de kaza yapanlar arasında olacaktık. İyi ki lastiğimiz patlamış.

Lastiğimiz patlamasaydı biz de o arabalar gibi kaza yapabilirdik. Küçük bir kaza ile bizi büyük kazadan alıkoyan kim? Bu işleri kim ayarlıyor böyle? Bizim üzüldüğümüz bazı olaylar, belki bizim için bir iyiliktir. Veya hoşumuza giden bir olay, bizim için hayırlı olmayabilir. Bunu önceden bilemediğimizden sabretmeli ve sonucun hayırlı olması için dua etmeliyiz.
Söyle bakalım Sümeyye! Yaptığınız dua bizi sigorta etti mi, etmedi mi? Allah'ın bizi korumasını gördük çocuklar! Sana şükürler olsun yâ Rabbim.

Çiftliğe varırlar. Dede kollarını açarak onları karşılar.
Lastiğimizin patlamasına önce çok üzülmüştük. Ama daha sonra bu yüzden büyük kazadan kurtulduk. Meğer lastiğin patlaması bizim için iyilikmiş.

Çocuklar, yavaş yavaş anlatın bakalım. Gelin, önce size bir sarılayım. Yavrularım benim. Sizleri çok özlemişim.

NELER ÖĞRENDİK?

1 - Kader ve kazaya iman, iman esaslarındandır.

2- Yüce Allah'ın, olmuş ve olacak şeylerin zamanını bilmesi ve takdir etmesine "Kader" denir.

3- Allah'ın takdir ettiği şeylerin meydana gelmesine "Kaza" denir.

4- Her şeyi takdir edip yaratan Allah'tır.

5- Kul, kendi irade ve isteğiyle iyi veya kötüyü seçer. Allah da ona uygun bir şekilde yaratır.

6- Günahı da sevabı da kazanan kuldur.

7- İnsanın, "Ben ne yaparsam yapayım, kaderim değişmez." diyerek tembellik yapması doğru değildir.

NELER ÖĞRENDİK?

1 -

SORULAR

Boşlukları doldurunuz.

1 - Kader ve kazaya inanmak, imanın .... esasından biridir.

2- Her şeyi takdir edip yaratan _____ 'tır.

3- Olacak her şeyin zamanı gelince yüce Allah'ın yazdığı kadere göre meydana gelmesine _____ denir.

4- Olacak her şeyin nerede, ne zaman ve nasıl olacağının önceden Allah tarafından bilinip yazılmasına _____ denir.

5- Münker ve Nekir, ölen kimseye şu soruları sorarlar:

_____ kimdir?   _____ kimdir?

_____ nedir?   _____ nedir?

7- Karne Hediyesi hikâyesinde geçen yolculukla ilgili âyeti yazınız.

8- Hikâyeden öğrendiklerinizi yazınız.

İBÂDET

İBÂDET

- İbâdet Nedir?
- İbâdet Hangi Amaçlarla Yapılır?
- İbâdetin Faydaları
- Mükellef Kime Denir?
- Mükellef Olmanın Şartları?
- Mükellefin Görevleri?

İbâdet Nedir?

Yüce Allah'ın razı olduğu her söz ve davranışa "İbâdet" denir.

İnsanın yaratılış gayesi, Allah Teâlâ'ya ibâdet etmek, verdiği nimetlere şükretmektir. Çünkü yeryüzündeki her şey insan içindir. İnsan da Allah Teâlâ'ya ibâdet amacıyla yaratılmıştır.

"Ben insanları ve cinleri ancak bana ibâdet etsinler (beni tanısınlar) diye yarattım."
(Zâriyât sûresi, 56. âyet)

İnsan, sağlıklı olup hayatını devam ettirdiği sürece, bu nimet karşılığında ibâdet etmek mecburiyetindedir. O halde akıl sahibi olup mükellef (sorumlu) olan her Müslüman, Allah'ın emirlerini yapmak, yasakladığı şeylerden kaçınmak zorundadır. İbâdetin ne zaman ve nasıl yapılacağı, Allah tarafından peygamberler aracılığı ile insanlara bildirilmiştir.

İbâdet; Hangi Amaçlarla Yapılır?

1 - Allah, ibâdete layık olduğu için,
2- Allah, emrettiği için,
3- Cennete girmek, cehennemden kurtulmak için yapılır.

İbâdet, dünyalık bir kazanç ve gösteriş için yapılmaz, yapılsa da ibâdet sayılmaz.

İbâdetlerin Bazı Faydaları:

İbâdetler;

1 - Kulu Allah'a yaklaştırır.

2- Günlük hayatı düzenler.

3- İnsanın ruh ve beden sağlığını güçlendirir.

4- İnsanı iyiliğe yöneltir, kötülüklerden uzaklaştırır.

5- İnsanın sabır ve merhamet duygularını geliştirir.

6- İnsanların birlik ve beraberlik duygularını geliştirir.

Mükellef Kime Denir?

Mükellef; ergenlik çağına gelen ve akıl sağlığı yerinde olan, yüce dinimizin emir ve yasakları karşısında sorumlu olan kişiye denir.

Mükellef Olmanın Şartları

a- Müslüman olmak: Müslüman olmayanlar, dinî emir ve yasaklardan sorumlu değildir.

b- Akıllı olmak: Deliler dinî emir ve yasaklardan sorumlu değildir.

c- Bâliğ olmak: Ergenlik çağına girmemiş olanlar sorumlu değildir. Erkek çocuklarda büluğ (ergenlik) yaşı 12-15, kız çocuklarında ise 9-15 yaş arasında olur.

Mükellefin Görevleri

Her mükellefin yapmak veya yapmamakla sorumlu olduğu işlere "Mükellefin Görevleri" denir. Bunlar sekiz tanedir.

1 - Farz	5- Mübah
2 - Vacip	6- Mekruh
3 - Sünnet	7- Haram
4- Müstehap	8- Müfsid

MÜKELLEFİN GÖREVLERİ

1. FARZ

Allah'ın yapılmasını kesin olarak emrettiği işlere "Farz" denir. Allah'a iman etmek, namaz kılmak, oruç tumak gibi. Farz ikiye ayrılır:

Farz-ı Ayn: Her mükellefin kendisinin yapması gereken farzlardır. Namaz kılmak gibi.

Farz-ı Kifâye: Bazı mükelleflerin yapmasıyla diğerlerinin üzerinden düşen farzlardır. Cenaze namazı gibi.

2. VACİP

Allah tarafından dolaylı olarak emredilen işlere "Vacip" denir. Bayram namazı kılmak, kurban kesmek, fıtır sadakası vermek gibi.

3. SÜNNET

Peygamberimiz'in farz ve vacipler dışında işlediği ve yapmamızı istediği amellerdir. Sünnet, yapılış şekline göre ikiye ayrılır:

Sünnet-i Müekkede: Peygamberimiz'in sık sık yapıp çok az terkettiği ibâdetlerdir. Sabah ve Öğle namazının sünnetleri gibi.

Sünnet-i Gayri Müekkede: Peygamberimiz'in bazen yapıp, bazen de terk ettiği sünnetlerdir. İkindi namazının sünneti ve Yatsı namazının ilk sünneti gibi.

4. MÜSTEHAP

Peygamberimiz'in arasıra yaptığı şeylerdir. Yapılmasında sevap vardır, terk edilmesinde ise günah yoktur. Sadaka vermek, Kuşluk namazı kılmak gibi.

5. MÜBAH

Yapılıp yapılmaması yasaklanmayan şeylerdir. Oturmak, kalkmak, uyumak, gezmek gibi.

6. MEKRUH

Yapılması istenmeyen ve terk edilmesi iyi görülen şeylerdir.
Mekruh ikiye ayrılır:
Tenzihen mekruh: Helale yakın mekruh. Sağ elle burun temizlemek gibi.
Tahrimen mekruh: Harama yakın mekruh. Sebepsiz olarak namazları geciktirmek gibi.

7. HARAM

Kesin olarak yapılmaması istenen şeylerdir. Yalan söylemek, faiz yemek, içki içmek, domuz eti yemek gibi. Haram ikiye ayrılır:
Haram li- aynihî: Aslı itibariyle haram olan şeylerdir. İçki, domuz eti gibi.
Haram li- gayrihî: Aslında helal olup, çeşitli durumlardan dolayı haram olan şeylerdir. Çalınmış bir ekmeği yemek gibi.

8. MÜFSİD

Başlanmış olan ibâdeti bozan şeye denir. Namazda gülmek gibi.

NELER ÖĞRENDİK?

1 - Yüce Allah'ın razı olduğu her söz ve davranışa "İbâdet" denir.

2- İnsan, Allah'a ibâdet etsin diye yaratılmıştır.

3- İbâdetler; beden, mal, hem beden hem de mal ile yapılır.

4- Allah, ibâdete layık olduğu için ibâdet ederiz.

5- Gösteriş için ibâdet yapılmaz. Yapılsa da ibâdet sayılmaz.

7- İbâdetler, bizi Allah'a yaklaştırır, sağlığımızı güçlendirir.

8- Allah'ın emir ve yasaklarından sorumlu olan kişilere "Mükellef" denir.

9- Mükellef olmanın üç şartı vardır:

    a- Müslüman olmak   b- Akıllı olmak   c- Bâliğ olmak

1 0- Erkek çocuklarda ergenlik çağı 1 2-1 5 yaş, kızlarda 9-1 5 yaş arasında olur.

1 1 - Mükellef'in görevleri 8 tanedir. Bunlar; Farz, Vacip, Sünnet, Müstehap, Mübah, Mekruh, Haram, Müfsid'dir.

1 2- Allah'ın, yapılmasını kesin olarak emrettiği işlere "Farz" denir.

1 3- Allah tarafından dolaylı olarak emredilen şeylere "Vacip" denir.

1 4- Peygamberimiz (s.a.v)'in faz ve vacibin dışında yaptığı işlere "Sünnet" denir.

1 5- Peygamberimiz (s.a.v.)'in arasıra yaptığı işlere "Müstehap" denir.

1 6- Yapılıp yapılmaması yasaklanmayan şeylere "Mübah" denir.

1 7- Yapılması istenmeyen şeylere "Mekruh" denir.

1 8- Yapılması kesin olarak yasaklanan şeylere "Haram" denir.

1 9- Başlanmış bir ibâdeti bozan şeye "Müfsid" denir

NELER ÖĞRENDİK?

1 -

SORULAR

Boşlukları doldurunuz.

1 - Mükellef; _____ çağına gelen ve _____ sağlığı yerinde olan kişidir.

2- Dinimizin emir ve yasaklarından sorumlu olan kimseye _____ denir.

3- Mükellef olmanın şartları: a- _____

b- _____

c- _____

4- Başlanmış bir ibâdetin bozulmasına _____ denir. Namazda konuşmak gibi.

5- Sebebsiz olarak namazları geciktirmek _____ mekruhtur.

6- Hz. Peygamber'in bazen yapıp bazen yapmadığı işlere _____ denir.

7- Bir kısım Müslümanın yapmasıyla diğer Müslümanların üzerinden düşen farza _____ denir.

8- Yatsı ve ikindi namazlarının ilk sünnetlerine _____ denir.

9- Bayram namazı kılmak, kurban kesmek ve fıtır sadakası vermek _____ tir.

10 - Erkek çocuklarda bülüğ yaşı ____ ile ____ kız çocuklarında ise ____ ile ____ yaş arasında olur.

TEMİZLİK

Temizlik Nedir?	Temizlik Çeşitleri
Abdest, Gusül ve Teyemmüm	

Temizlik Nedir?

Görünen ve görünmeyen pislikleri gidermeye temizlik denir. Dinimizin ve ibâdetlerimizin temeli temizliktir.

Temizlik imanın yarısıdır. Müslümanın her şeyi temiz olmalıdır. Temizlik bazı ibâdetlerin şartı ve anahtarıdır. Namaz kılmak, Kâbe'yi tavaf etmek gibi ibâdetler abdestsiz yapılmaz. Bundan dolayıdır ki, Peygamber Efendimiz, bir hadîs-i şeriflerinde, "Namazın anahtarı temizliktir." buyurmuştur.

Aynı zamanda temizlik, sağlıklı yaşamanın vazgeçilmez şartıdır.

Temizlik Çeşitleri

Bedenimizi, elbisemizi, namaz kılacağımız yeri, evimizi, çevremizi gözle görülen pisliklerden temiz tutmaya "Maddî Temizlik", kalp ve ruh temizliğine ise "Mânevî Temizlik" denir.

MADDÎ TEMİZLİK	Maddî temizlik iki çeşittir: 1. Küçük Temizlik: Abdesti olmayanın abdest almasıdır. 2. Büyük Temizlik: Cünüplük, hayız ve nifas denilen hallerden çıkmak için yapılan temizliktir. Gusül, yani boy abdesti almaktır.
MÂNEVÎ TEMİZLİK	Namaz, oruç, zekât gibi ibâdetler bizi mânevî yönden temizler. Olgun mü'min olmamızı, kötülüklerden uzaklaşmamızı sağlar.

Abdest, Gusül ve Teyemmüm

Abdest: Belli organları yıkamaya ve meshetmeye denir.

Abdest bir nevi ibâdettir. Abdestin birçok faydası ve sevabı vardır. Abdest alan bir Müslüman, temizliğe uymuş olur. Bu temizliği alışkanlık haline getirerek, birçok hastalıktan, kirli hallerden korunmuş olur.

Abdestin Farzları:

1 – Yüzü, çene altından, saç bitimine kadar yıkamak.

2- Elleri dirseklerle beraber yıkamak.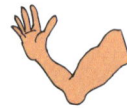

3- Başın dörtte birini, meshetmek.

4- Ayakları topuklarla beraber yıkamak.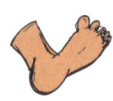

Resimlerle Abdestin Alınışı

1 - Önce kollar dirseklerin yukarısına kadar sıvanır, sonra "Niyet ettim Allah rızası için abdest almaya" diye niyet edilir. Ve "Eûzü billahi mineşşeytanirracîm, Bismillahirrah-manirrahîm" denir.

2- Eller bileklere kadar üç kere yıkanır. Parmak aralarının yıkanmasına dikkat edilir. Parmaklarda yüzük varsa oynatılıp altının yıkanması sağlanır.

3- Sağ avuç ile ağza üç kere su alınıp her defasında iyice çalkalanır.

Resimlerle Abdestin Alınışı

4- Sağ avuç ile buruna üç kere su çekilir. Sol el ile sümkürülerek burun temizlenir.

5- Yüzün her tarafı üç kere yıkanır.

6- Önce sağ, sonra sol kol dirseklerle beraber üç kere yıkanır. Yıkarken kolun her tarafı, kuru bir yer kalmayacak şekilde iyice ovulur.

Resimlerle Abdestin Alınışı

7- Eller yeniden su ile ıslatılır. Sağ elin içi ve parmaklar başın üzerine konularak bir kere meshedilir.

8- Eller ıslatılarak sağ elin şehadet parmağı ile sağ kulağın içi, baş parmağı ile de kulağın dışı; sol elin şehadet parmağı ile sol kulağın içi, baş parmağı ile de kulağın arkası meshedilir.

9- Elleri yeniden ıslatmaya gerek olmadan, geriye kalan üçer parmağın dışı ile de boyun meshedilir.

10- Önce sağ ayak, sonra da sol ayak topuklarla beraber yıkanır.

Abdestin Sünnetleri

1 - Niyet etmek.
2- Abdeste "Eûzü besmele" ile başlamak.
3- Elleri bileklere kadar yıkamak.
4- Ağza ve buruna su çekmek.
5- Ağza ve buruna su verirken dolu dolu vermek.
6- Misvak kullanmak.
7- Sırayı takip etmek.
8- Abdeste yıkamaya sağ taraftan başlamak.
9- Abdest organlarını üçer defa yıkamak.
10- El ve ayak parmaklarının arasını yıkamak (hilâllemek).
11- Kulakları meshetmek.
12- Boynu meshetmek.
13- Abdest organlarını, su ile iyice ovmak.
14- Abdest esnasında organları yıkarken, aralarda beklememek.

Abdesti Bozan Şeyler

1 - Ön ve arkadan çıkan idrar, dışkı, yel.
2- Herhangi bir organdan kan çıkması.
3- Ağız dolusu kusmak.
4- Bayılmak.
5- Namaz kılarken yanındakilerin işiteceği kadar gülmek.
6- Yatarak veya bir yere dayanarak uyumak.
7- Teyemmüm eden kişinin abdest alabileceği bir suyu görmesi.

Abdestsiz Yapılamayan Şeyler

Abdestsiz bir kimse:

1 - Namaz kılamaz.
2- Kâbe'yi tavaf edemez.
3- Bir muhafaza içinde değilse. Kur'ân-ı Kerîm'i elle tutamaz.
4- Kur'ân-ı Kerîm'in tam bir âyetinin veya bir kısmının yazılı bulunduğu bir levhaya el süremez. Ancak, Kur'ân-ı Kerîm'i, abdestsiz ezbere okuyabilir.

SORULAR

1 - Görünen ve .... pislikleri gidermeye .... denir.

2- Temizlik .... yarısıdır.

3- Beden, elbise ve çevre temizliği:

      a- Mânevî temizliktir.   c- Ruh temizliğidir.

      b- Maddî temizliktir.   d- Kalp temizliğidir.

4- Kalp ve .... temizliğine .... temizliği denir.

5- Belli organları yıkamaya ve meshetmeye ne denir?

   ☐ a- Gusül Abdesti   ☐ c- Abdest

   ☐ b- Teyemmüm   ☐ d- Hiçbiri

6- Hangileri abdestin farzıdır? İşaretleyiniz.

   ☐ a- Başı meshetmek   ☐ c- Eûzü besmele çekmek

   ☐ b- Yüzü yıkamak   ☐ d- Kulakları ve boynu meshetmek

7- Abdest alırken elleri bileklere kadar yıkamak farzdır. ☐ Doğru   ☐ Yanlış

8- Abdest organlarını üçer defa yıkamak ....tir.

9- Hangileri abdesti bozar? İşaretleyiniz.

   ☐ a- Yellenmek   ☐ c- Kusmak

   ☐ b- Yemek yemek   ☐ d- Uyumak

10- Abdestsiz bir kimse: .... kılamaz, Kâbe'yi .... edemez .... elle tutamaz.

GUSÜL ABDESTİ (Boy Abdesti)

Bütün vücudu hiçbir kuru yer kalmamak şartıyla yıkamaya "Gusül" denir.

Kadın ve erkeğin büluğ çağına erdikten sonra bazı hâllerde yıkanmaları gerekir. Bu hâller şunlardır:

Cünüplük, hayız (kadınlara ait aybaşı hâli), lohusalık (kadınlara ait doğum sonrası hâl). Dinimize göre, bu hâllerden sonra yıkanmak farzdır.

Guslün Farzları:

1 - Ağza su alıp, boğazına kadar iyice çalkalamak (Mazmaza).
2- Buruna su çekmek ve yıkamak (İstinşak).
3- Tepeden tırnağa kadar (kuru bir yer kalmamak şartıyla) bütün bedeni yıkamak.

Guslün Sünnetleri:

1 – Eûzü besmele ile başlamak ve niyet etmek.
2- Bedende pislik varsa, önceden güzelce temizlemek.
3- Avret yerini, pis olmasa bile ayrıca yıkamak.
4- Gusülden önce abdest almak.
5- Bedenine üç defa su dökmek ve suyu bedeninin her tarafına ulaştırmak.
6- Su dökmeye baştan başlamak, sağ omuzuna ve sol omuzuna dökmek.
7- İlk defa suyu dökünce, bedeni oğmak ve suyu bedenin her tarafına ulaştırmak.
8- Ayağının olduğu yere su birikiyorsa, ayak yıkamayı en sona bırakmak.
9- Avret yerlerini açık tutmamak, kıbleye yönelmemek.

Gusül Abdesti Alması Gereken Kimse Neleri Yapamaz?

Gusül abdesti olmayan bir kimse;

1 - Namaz kılamaz. Kur'an okuyamaz. (Ancak bazı duaları okuyabilir.)
2- Kur'an'a bir veya yarım âyet bile olsa, el süremez ve Mushaf'ı tutamaz.
3- Kâbe'yi tavaf edemez.
4- Bir zorunluluk olmadığı halde bir camiye giremez veya içinden geçemez.

TEYEMMÜM

Su bulunmadığı veya suyu kullanma imkânı olmadığı zaman toprak cinsinden temiz bir şeyle abdest almaktır.

Teyemmüm şöyle yapılır: Abdestsiz olan veya gusletmesi gereken bir kimse, iki elini toprak cinsinden temiz bir şeye bir kez vurur. Bununla yüzünü mesheder. Sonra yine iki elini ikinci kez vurur. Bununla da dirsekleriyle beraber iki kolunu mesheder. Bu işlem, abdestsizliği giderir ve bununla ibâdetler yerine getirilir.

Teyemmümün Farzları:

1 - Niyet etmek.
2- Elleri temiz toprağa iki defa vurup, yüzü ve kolları meshetmektir.

Teyemmümü Bozan Şeyler:

Abdesti bozan veya guslü gerektiren hâller teyemmümü de bozar. Ayrıca su bulunup kullanma imkânı olunca teyemmüm bozulur. Su ile abdest alınmadıkça veya cünüplük hâli varsa, yıkanmadıkça namaz kılınamaz.

NELER ÖĞRENDİK?

1 - Temizlik, bazı ibâdetlerin şartı ve anahtarıdır.

2- Peygamberimiz (s.a.v.), "Namazın anahtarı temizliktir." buyurmuştur.

3- Beden, elbise ve çevre temizliğine "Maddî Temizlik" denir.

4- Kalp ve ruh temizliğine "Mânevî Temizlik" denir.

5- Belli organları yıkamaya ve meshetmeye "Abdest" denir.

6- Abdestin Farzları;

    a- Yüzü yıkamak,

    b- Elleri dirseklerle beraber yıkamak,

    c- Başı meshetmek,

    d- Ayakları topuklarla beraber yıkamaktır.

7- Bayılmak, ağız dolusu kusmak, uyumak, herhangi bir organdan kan çıkması abdesti bozan şeylerdendir.

8- Abdestsiz namaz kılınmaz, Kâbe tavaf edilmez, Kur'an ellenmez.

9- Bütün vücudu yıkamaya "Gusül" denir. Cünüp olan, hayız ve lohusalık hâli bitenlerin yıkanmaları farzdır.

1 0- Ağız, burun ve bütün vücudu yıkamak guslün farzlarıdır.

11 - Gusül abdesti olmayan kimse; namaz kılamaz, Kur'an okuyamaz, elleyemez, Kâbe'yi tavaf edemez, camiye giremez.

1 2- Temiz toprak veya toprak cinsinden bir şeyle abdest almaya "Teyemmüm" denir.

NELER ÖĞRENDİK?

1 -

SORULAR

1 - Bütün vücudu kuru yer kalmamak üzere, tepeden tırnağa kadar yıkamaya
.... denir.

2- Su bulunmadığı veya suyu kullanmaya güç yetmediği zaman toprak cinsinden temiz bir şeyle abdest almaya .... denir.

3- Hangi hâllerde gusletmek farzdır? Doğru olanları işaretleyiniz.

☐ a- Cünüplük hâli ☐ c- Hayız hâli

☐ b- Lohusalık hâli ☐ d- Uykudan uyanınca

4- Guslün farzları .... su alıp çalkalamak, ... su alıp çalkalamak ve bütün .... yıkamaktır.

5- Hangileri guslün sünnetlerindendir? Doğru olanları işaretleyiniz.

☐ a- Niyet etmek ☐ c- Ağzı yıkamak

☐ b- Gusülden önce abdest almak ☐ d- Kıbleye yönelmek

6- Gusül abdesti olmayan kimse;

a- .... okuyamaz. c- .... kılamaz.

b- .... tavaf edemez. d- .... giremez.

7- Teyemmümün farzları kaç tanedir? Doğru olanı işaretleyiniz.

☐ a- 3 ☐ b- 4 ☐ c- 2 ☐ d- 6

8- .... bozan hâller teyemmümü de bozar.

9- Suyu kullanma imkânı olunca .... bozulur.

NAMAZ

- Namazın Tanımı
- Namazın Faydaları
- Namazın Çeşitleri
- Namazın Farzları
- Namazın Vacipleri
- Sehiv Secdesi
- Namazın Sünnetleri
- Namazın Kazası

Tekbir ile başlanıp, selamla tamamlanan ibâdete "Namaz" denir. Namaz, Yüce Allah'ın, akıl-baliğ her Müslümana farz kıldığı bir ibâdettir.

Hz. Âdem (a.s.)'dan itibaren gelen peygamberler, namaz ibâdetini yerine getirmişlerdir.

Beş vakit namaz, Mi'rac gecesinde farz kılınmıştır. Namazın nasıl kılınacağını Peygamberimiz göstermiştir ve şöyle buyurmuştur:

"Namazı benim kıldığım gibi kılınız".

Allah'a iman eden her Müslümanın, yerine getirmesi gereken farzların başında namaz gelir. Peygamberimiz: "Namaz dinin direğidir." buyurmuştur.

Namaz kalbin nuru, ruhun huzuru, mü'minin mi'racıdır.

Namazın Faydaları

"Şüphesiz ki namaz (kılanları) her türlü fuhşiyattan ve kötülükten alıkoyar."
(Ankebût sûresi, 45. âyet)

Namazın faydası Peygamberimiz'e sorulduğu zaman, şöyle cevap vermiştir: "Sizin evinizin önünden bir ırmak aksa ve bu ırmakta günde beş defa yıkansanız, üzerinizde bir kir kalır mı? İşte namaz da böyledir."

Namazın birçok faydası vardır.

- Namaz, temizliktir.
- Namaz, felaketlere karşı insana mânevî bir güç kazandırır.
- Namaz, insanı ahlâken yüceltir.
- Namaz, insanı her türlü kötülüklerden alıkoyar.
- Namaz, kulu Allah'a yaklaştırır.
- Namaz ırk, renk, dil ve ülke ayrımı gözetmeksizin mü'minleri bir safta toplar.
- Namaz, birlik ve beraberlik şuurunu kazandırır.

Namazın Çeşitleri:

1 - Farz Namazlar:

Farz namazlar üç çeşittir:

a- Beş vakit namaz (sabah, öğle, ikindi, akşam, yatsı)
b- Cuma namazı
c- Cenaze namaz

2- Vacip Namazlar:

a- Vitir namazı
b- Ramazan ve Kurban Bayramı namazları.

3- Sünnet (Nafile) Namazlar:

Farz ve vacip namazların dışında kalan namazların hepsi sünnet (nafile) namazlardır.

Beş vakit namazın ve cuma namazının sünnetleri, sünnet namazlardandır.
Ayrıca Duha namazı (Kuşluk vaktinde kılınan namaz), Teravih namazı, geceleyin kılınan Teheccüt namazı gibi namazlar da nafile namazlardır.

NAMAZ

Namaz dinin direğidir,
Sakın yıkma bu direği.
Özü Hakk'a yönelenin,
Tertemiz olur yüreği.

Vaciptir Bayram Namazı,
Her kulun var bir niyazı.
Allah'a kulluk yapmanın,
Olur mu hiç, kışı yazı?

Namaz mü'min mi'racıdır,
Hasta kalbin ilacıdır.
Hem beş vakit, bir de cuma
Hepimizin baş tacıdır.

Kullar olursa cemaat,
Sevapları olur kat kat.
Allah için namaz kılmak,
Hem huzurdur hem de rahat.

Üzeyir GÜNDÜZ

Namazın Farzları

Namazın farzları on ikidir. Bunlardan biri yerine getirilmediği takdirde namaz olmaz.

Bunların altısı dışında, altısı da namazın içinde olan farzlardır.

Namazın dışında olan farzlarına, "Namazın Şartları" denir. Bunlar namaza başlamadan önce yerine getirilir.

Namazın içinde olan farzlara ise, "Namazın Rükünleri" denir. Bunlar da namaza başlarken sonra yerine getirilir.

Namazın Dışındaki Farzları (Şartları)

1 - Hadesten Tahâret:
Namaz kılacak kimsenin abdest alması, gusül gerekiyorsa, gusletmesi demektir.

2- Necasetten Tahâret:
Bedenimizin, elbisemizin ve namaz kılacağımız yerin temizlenmesidir.

3- Setr-i Avret:
Bakılması haram olan yerlerin örtülmesi demektir. Örtülmesi gereken yerlere avret mahali denir. Avret mahalleri, erkeklerde: Göbek altından diz kapağının altına kadar olan yerdir. Kadınlarda: Yüz ve eller hariç, bedenin tamamıdır. Elbisenin dar ve ince olmaması gerekir. Vücudun şeklini ortaya koyan dar ve ince elbiseler örtü yerine geçmez.

4- İstikbâl-i Kıble:
Kıbleye yönelmek demektir. Müslümanların kıblesi, Mekke'de bulunan Kâbe'dir.

5- Vakit:
Kılacağımız namazın, vaktinin girmiş olması gerekir. Namaz vakitleri girmeden namaz kılınmaz.

6- Niyet:
Hangi namazı kılıyorsak, o namaza niyet edilmesi gerekir. Meselâ: "Niyet ettim Allah rızası için, bugünkü sabah namazının farzını kılmaya" diye niyet edilir.

Namazın İçindeki Farzları (Rükünleri)

1 - İftitah Tekbiri:
Namaza başlamak için getirilen tekbire "İftitah Tekbiri" denir.

2- Kıyam:
Kıyam, namazda ayakta durmak demektir. Hasta veya başka özrü bulunmayan kimseler mutlaka ayakta namaz kılmak zorundadırlar.

3- Kıraat:
Namazda Kur'an okumaktır. Kur'an âyetlerinden en az bir âyet okumak farzdır.

4- Rükû:
Her rekatta, kıraattan sonra tekbir getirerek eğilmeye "Rükû" denir.

5- Sücûd:
Alınla beraber burnun yere konulmasına secde denir. Secdede, eller ve dizler yere konulur. İki ayak ise parmak uçları yere bitişik ve dik tutulur.

6- Ka'de-i Âhire:
Son oturuşa "Ka'de-i Âhire" denir. Namazın sonunda, Ettehiyyatü duasını okuyacak kadar oturmak gerekir. Bu duruşa "Tahiyyat" da denir.

NAMAZ

Namazdır dine direk,
Mü'mine mi'rac olur.
Onunla parlar yürek,
Dertlere ilaç olur.

Abdest alınır önce,
Kirler temizlenince,
''Setr-i Avret'' denince,
Beden ile saç olur.

Namaz vaktinde olmak,
Kıbleye dönüp kılmak,
Niyet, Allah'ı bilmek,
Herşeyde amaç olur.

Tekbir ile başlanır,
Tüm şeytanlar taşlanır,
Kılanlar bağışlanır,
Mahşerde de taç olur.

Kıyam, kıraat, rükû,
Secde, kulluğun yolu,
Terkedenlerin hali,
Rahmete muhtaç olur.

Son oturuş oldurur,
Tahiyyatı bildirir,
Kıyamette güldürür,
Sırat'ta araç olur.

Namaz, Hakk'ı bilmektir,
Rahmân'a eğilmektir,
Günahları silmektir,
İmana da güç olur.

Terketme hiç namazı,
Kılandan Allah razı,
Yüzlerde secde izi,
Sıkıntılar hiç olur.

Zülküf GÜL

Namazın Bazı Vacipleri

1 - Fâtiha sûresini okumak.
2- Fâtiha'dan sonra zamm-ı sûre okumak.
3- Secdede alın ile burnu birlikte yere koymak.
4- İki secdeyi peşpeşe yapmak.
5- İlk oturuş.
6- Her oturuşta Tahiyyat duasını okumak.
7- Namazın sonunda selâm vermek.

Sehiv Secdesi

Yanılma secdesi demektir. Sehiv secdesi ile, namazda unutarak veya istemeyerek yaptığımız kusur ve hataları tamamlayıp gideririz.

Sehiv secdesi nerede yapılır?

Farzın tehirinde (gecikmesinde), vacibin terk ve tehirinde yapılır. Sünnetin terk ve tehirinde sehiv secdesi gerekmez.

Sehiv secdesi nasıl yapılır?

Kıldığımız namazın son oturuşunda (selâm vereceğimiz oturuşta), Ettehiyyatü'yü okuyup, selâm verip, hemen Allâhüekber diyerek, yeniden secdeye kapanıp iki kere secde yaparak otururuz. Yeniden Ettehiyyatü'yü, Salli-Barik ve Rabbenâ dualarını okuruz. Tekrar selâm verip, böylece namazın eksikliklerini tamamlamış oluruz.

Namazın Bazı Sünnetleri

1 - Subhâneke duasını okumak.

2- Eûzü besmele çekmek.

3- Fâtihadan sonra "Âmin" demek.

4- Rükû ve secdelere giderken "Allâhüekber" demek.

5- Rüku da "Subhânerabbiye'l-Azim" secdede "Subhânerabbiyel-A'lâ" demek.

6- Tahiyyattan sonra Salli-Barik ve Rabbenâ dualarını okumak.

7- Selâm verirken "Esselâmu Aleyküm ve Rahmetullah" demek.

Namazın Kazası

- Namazı özürsüz olarak vaktinde kılmamak büyük günahlardandır.
- Terk edilen namazı, kaza etmek farzdır.
- Beş vakit namazın farzlarının kazası farzdır. Vacip olan vitir namazının kazası da vaciptir.
- Sünnetlerin kazasına gelince; sabah namazı, vaktinde kılınmamış ise, öğleye kadar hem farzı, hem de sünneti kaza edilir.
  Öğle ve Cuma namazlarının ilk sünneti farzlardan sonra kaza edilir.
- Kaza namazları; güneş tam doğarken, tam tepede iken ve tam batarken kılınmaz. Bunun dışındaki vakitlerde kaza edilebilir.

Kaza namazına şöyle niyet edilir:

"Niyet ettim Allah rızası için vaktinde kılamadığım en son sabah (Öğle, İkindi, Akşam, Yatsı, Vitir) namazını kaza etmeye." "En son" kelimesi yerine "en önceki" kelimesi kullanılarak da niyet edilebilir.

KIBLE PUSULASIZ NASIL BULUNUR?

Ağaçlara Bakarak

Avrupa'da namaz için genellikle güneydoğuya yönelinir. Ağaçların yosunlu (yeşil) kısmı kuzeyi gösterir. Yosunlu yerin tersi ise güney tarafıdır. Güneydoğu şöyle bulunur: Ağacın yosunsuz tarafına yüzümüzü çeviririz. Arka tarafımız güney, sağ kolumuzun tarafı doğu tarafıdır. Güney ile doğu arası güneydoğu, dolayısıyla kıble olur.

Güneşe Bakarak

Güneşin doğduğu ve battığı yeri bilmek gerekir. Avrupa'da kıble şöyle bulunur: Yüzümüzü güneşin doğduğu yere döneriz. Sağ tarafımız güney tarafı olacağı için, güney ile doğu arası yani güneydoğu kıble olacaktır.

NELER ÖĞRENDİK?

1 - Beş vakit namaz Mi'rac gecesinde farz kılınmıştır.

2- Namaz, akıl-baliğ her Müslümana farzdır.

3- Namaz, insana mânevî güç kazandırır. İnsanı kötülüklerden uzaklaştırır.

4- Farz namazlar: Beş vakit namaz, cuma ve cenaze namazıdır.

5- Vitir ve Bayram namazları vacip namazlardandır.

6- Farz ve vacip namazların dışındaki namazlar sünnet (nafile) namazlardır.

7- Namazın farzları 12'dir. Bunların 6'sı dışında, 6'sı da içindedir.

8- Namazda Fâtiha, zamm-ı sûre ve Tahiyyat'ı okumak vaciptir.

9- Namazda, Subhâneke, Salli-Barik ve Rabbenâ dualarını okumak sünnettir.

10- Sehiv secdesi, yanılma secdesidir. Şu durumlarda yapılması vaciptir:
- Farzın gecikmesinde
- Vacibin terkinde
- Vacibin gecikmesinde

11- Namazı özürsüz olarak vaktinde kılmamak büyük günahlardandır.

12- Farz namazların kazası farz, vacip namazların kazası vaciptir.

NELER ÖĞRENDİK?

1 -

SORULAR

1 - .... ile başlanıp selâm ile tamamlanan ibâdete .... denir.

2- Namaz, ... ve buluğa ermiş her .... farzdır.

3- Namaz ne zaman farz kılınmıştır?

☐ a- Berat gecesinde ☐ c- Kadir gecesinde

☐ b- Mi'rac gecesinde ☐ d- Regaip gecesinde

4- Farz namazlar hangileridir? Doğru olanları işaretleyiniz.

☐ a- Cenaze namazı ☐ c- Cuma namazı

☐ b- Teravih namazı ☐ d- Vitir namazı

5- Bayram namazları, ... namazlardandır.

6- Sünnet namazlar hangileridir? Doğru olanları işaretleyiniz.

☐ a- Duha namazı ☐ c- Teheccüt namazı

☐ b- Bayram namazı ☐ d- Cuma namazı

7- Beş vakit namazın sünnetleri vacip namazlardandır.

☐ Doğru ☐ Yanlış

8- Namazın farzları .... tanedir. .... tanesi namazın dışındaki farzlarındandır. Bu farzlara .... da denir. Namazın içindeki farzlarına ise .... de denir.

SORULAR

9- Peygamberimiz bir hadîs-i şeriflerinde "Namaz dinin ....dir." buyurmuştur.

10- Avret yerleri, erkeklerde .... altından .... altına kadar olan yerdir. Kadınlarda ise .... ve .... dışındaki bütün vücuttur.

11- Namaza başlamak için getirilen tekbire .... tekbiri denir. .... kulak hizasına kaldırılarak namaza başlanır.

12- Namazda alın ile burnu yere koymaya .... denir.

13- Hangileri namazın vaciplerindendir? Doğru olanları işaretleyiniz.

- [ ] a- Fâtiha sûresini okumak
- [ ] b- İki secdeyi peşpeşe yapmak
- [ ] c- Subhâneke'yi okumak
- [ ] d- Eûzü besmele çekmek.

14- Namazda yanıldığımızda yaptığımız secdeye .... secdesi denir.

15- Kaza namazları; güneş ...., ... iken ve .... kılınmaz.

16- Kıblenin neresi olduğunu bilemediğimiz yerlerde .... ve .... bakarak yönümüzü belirleyebilir ve kıbleyi bulabiliriz.

ORUÇ

- Orucun Tanımı
- Orucu Bozan Şeyler
- Orucu Bozmanın Cezası
- Oruc Tutmamayı Mübah Kılan Özürler
- Orucun Faydaları

Orucun Tanımı

İmsak vaktinden, iftar vaktine kadar ibâdet maksadıyla yemeyi, içmeyi ve cinsel ilişkide bulunmayı terketmeye oruç denir.

İmsak: Geceleyin oruca başlama vaktine denir.
İftar: Oruç açmaya iftar denir. İftar, akşam namazı vaktinin girdiği andır.

İslâm'ın şartlarından biri olan oruç, hicretten bir buçuk yıl sonra farz olmuştur. Cenâb-ı Allah, Kur'ân-ı Kerîm'de şöyle buyuruyor: *"Ey iman edenler! Sizden öncekilere farz kılındığı gibi size de oruç farz kılındı. Umulur ki korunursunuz."* (Bakara sûresi, 183. âyet)

Oruç kimlere farzdır?
Akıl ve bâliğ olan her Müslümanın, Ramazan ayında oruç tutması farzdır.

Orucu Bozan Şeyler

1- Bilerek bir şey yemek veya içmek
2- Ağızdan hap veya şurup almak
3- Sigara içmek
4- Sakız çiğnemek
5- İsteyerek kusmak

Orucu Kasten Bozmanın Cezası (Keffâret)

Keffâret: Kasten bozulan bir günlük orucun affedilmesi için, iki ay aralıksız olarak tutulan oruca denir.

Orucun keffâreti şu şekilde olur:
İki ay ara vermeden oruç tutmak veyahut bir fakiri akşam ve sabah olmak üzere altmış gün boyunca iki öğün, veyahut da altmış fakiri iki öğün doyurmaktır.

Oruç Tutmamayı veya Bozmayı Mübah Kılan Özürler

- Sefer (yolculuk) hâli.
- Hastalık hâli.
- Hamilelik ve çocuk emzirme hâli. (Anne ve bebeğin hayatı tehlikeye girecek ise.)
- Şiddetli açlık ve susuzluk hâli.
- Kadınlardaki hayız veya nifas hâli.
- Düşkünlük ve ihtiyarlık hâli.

Bu sebeplerden ötürü oruç tutamayanlar veya orucunu bozmak zorunda kalanlar, oruçlarını kaza ederler.

Orucun Faydaları

Orucun maddî, mânevî faydaları saymakla bitmez. Oruç:

- Vücudu dinlendirir ve birçok hastalığın oluşmasını engeller. Peygamberimiz, "Oruç tutunuz ki, sıhhat bulasınız." buyurmuştur.
- Fakirlerin ve açların hâlini düşünme fırsatı verir, yardımlaşma ve merhamet duygularını harekete geçirir.
- Nefsin şiddetli isteklerine karşı direnme gücü verir ve kötülüklere engel olur.

ORUÇ

Oruç, Allah içindir,
Kötü sözler boşlanır.
Oruç tutan emindir,
Şeytanlar hep taşlanır.

İmsak, oruç tutmaktır,
Öfkeleri yutmaktır,
Nefsi ıslah etmektir,
Çirkin huylar dışlanır.

Eller kalkar duaya,
Şükredilir Mevlâ`ya
İftar için sofraya,
Besmele`yle başlanır.

Teravih namazları,
Sevindirir bizleri,
Sohbeti, vaazları,
Gönüllere işlenir.

Fakir, yoksul gürülür,
Sadakalar verilir,
Şeytan hemen darılır,
Melekler de hoşlanır.

Başlangıcı rahmettir,
Ortası berekettir,
Sonu da mağfirettir,
Mü`minler bağışlanır.

Zülküf GÜL

SORULAR

1- .... vaktinden .... vaktine kadar yemeyi içmeyi ve cinsel ilişkiyi terk etmeye .... denir.

2- Hangileri doğrudur? İşaretleyiniz.

☐ a- İftar: Oruç bozma vaktidir.

☐ b- İmsak: Oruca başlama vaktidir.

☐ c- İftar: Oruca başlama vaktidir.

☐ d- İmsak: Oruç bozma vaktidir.

3- Hangileri orucu bozar? İşaretleyiniz.

☐ a- İlaç kullanmak   ☐ c- Uyumak

☐ b- Bilerek bir şey yemek   ☐ d- Kulağa ilaç damlatmak

4- İsteyerek oruç bozmanın cezasına .... denir.

5- Hangisi doğrudur? İşaretleyiniz.

☐ a- Buruna ilaç damlatmak orucu bozmaz.

☐ b- Orucu bilerek sebepsiz bozmanın cezası iki ay peşpeşe oruç tutmaktır.

6- Sefer, yani .... hâlinde, şiddetli .... ve .... hâlinde, anne ve bebeğin hayatı tehlikeye girecekse .... ve çocuk .... hâlinde oruç tutulmaması ya da bozulması mübah olur.

7- Keffâret orucunu tutamayan kimse bir fakiri sabah akşam .... gün doyurur.

8- Peygamberimiz: "............... tutunuz ki .... bulasınız." buyurmuştur.

ZEKÂT

- Zekâtın Tanımı
- Zekât Kimlere Farzdır?
- Nisab Miktarı
- Zekât Kimlere Verilir?
- Zekât Kimlere Verilmez?
- Zekât Nelerden Verilir?
- Zekâtın Fayda ve Hikmetleri
- Fıtır Sadakası ve Fidye

Zekâtın Tanımı

Belirli bir malın, belirli bir kısmını belirli bir zaman sonra ibâdet niyetiyle emredilen yerlere vermeye "Zekât" denir.

Zekât, İslâm'ın şartlarından biridir. Mal ile yapılan bir ibâdettir. Hicretin ikinci yılında farz olmuştur. Kur'ân-ı Kerîm'de: "Onların mallarından sadaka (zekât) al ki bununla kendilerini (günahlardan) temizlemiş (iyiliklerini de) bereketlendirmiş olasın." buyurulmaktadır. (Tevbe sûresi, 103. âyet)

Zekât Kimlere Farzdır?

Zekât; akıl-bâliğ, hür ve dinen zengin sayılan Müslümanlara farzdır.

Nisab Miktarı:

Dinimize göre nisab miktarı (80 g) altın (560 g) gümüş veya bunların karşılığı paradır.

Zekât Kimlere Verilir?

Kur'ân-ı Kerîm'de Tevbe sûresi, 60. âyette zekât verilecek kimseler şu şekilde sıralanmıştır:
Zekât;

1- Fakirlere,

2- Miskinlere (çok düşkünlere),

3- Zekât toplayan görevli memurlara,

4- Kalpleri İslâm'a ısındırılmak istenenlere,

5- Esir ve kölelere,

6- Borçlulara,

7- Allah yolunda cihad edenlere,

8- Yolda kalmış kimselere verilir.

Zekât Kimlere Verilmez?

Zekât zenginlere, anne babaya, nine dedeye, evlat ve torunlara verilmez.

Zekât Nelerden Verilir?

1- Altın gümüş, para, her türlü ticaret mallarından,

2- Sığır, manda, deve, koyun ve keçi gibi hayvanlardan,

3- Her türlü tarım ürünlerinden zekât verlir.

Zekâtın Faydaları

Peygamberimiz şöyle buyurmaktadır: "Mallarınızı zekât vermek suretiyle koruma altına alın, hastalıklarınızı sadaka vererek tedavi edin, gelecek olan belalara karşı dua ile hazırlıklı olun."

1- Zekât, muhtaç olan fakirlerin ihtiyaçları giderir.

2- Zekât, zenginle fakir arasında sevgi oluşturur.

3- Zekât, malın bereketlenmesine sebep olur.

4- Zekât, insanı cimrilik hastalığından korur.

5- Zekât, malı artırır.

Fıtır Sadakası

Fıtır sadakasına "Fitre" de denir. Zengin sayılan her Müslümanın fıtır sadakası vermesi vaciptir. Bu sadaka aynen zekât gibi, yılda bir defa niyet edilerek verilir. Fitrenin Ramazan Bayramı namazından önce verilmesi gerekir.

Çocukların fitrelerini anne ve babaları verir. Kendilerine zekât verilecek kimselere fitre de verilebilir. Fıtır sadakası; bir fakirin, bir günlük yiyeceğidir. Yiyecek olarak da verilebilir.

Fidye

Özürlerinden dolayı hiçbir zaman oruç tutmaya gücü yetmeyenlerin fidye vermeleri vaciptir.

ZEKÂT

Zekât, Allah'ın emri,
İslam'a köprü olur.
Zekât vermeyen cimri,
Rahmetten mahrum olur.

Akıl-bâliğ Müslüman,
Zengin olduğu andan,
Bir yıl geçtiği zaman,
Ona zekât farz olur.

Zekât malı kırkta bir,
Yılda bir kez verilir,
Fakir, yetim sevinir,
Kalpler neşeyle dolar.

Zekât malları korur,
Zenginlik artıp durur,
Mü'min cenneti görür,
Kabirde yüzü güler.

Altın, gümüş ve para,
Yığılsa da kenara,
Götüremez mezara,
Her insan fakir ölür.

Verelim hep zekâtı,
O'dur servete çatı,
Dünyada bu fırsatı,
Cömert olanlar bilir.

Zülküf GÜL

NELER ÖĞRENDİK?

1 - İmsak vaktinden iftar vaktine kadar, yemeyi içmeyi ve cinsel ilişkiyi terketmeye "Oruç" denir.

2- Akıl-bâliğ olan her Müslümana oruç farzdır.

3- Bir şey yemek içmek, ağız dolusu kusmak, ilaç kullanmak orucu bozan şeylerdendir.

4- Farz orucu kasten bozmanın cezasına "Keffâret" denir.

5- Yolcular, hastalar tutamadıkları oruçlarını kaza ederler.

6- Hayız ve nifas hâlinde olan kadınlar oruç tutamazlar. Bu hâlleri bitince oruçlarını kaza ederler.

7- Oruç, bütün kötülüklere engel olur.

8- Peygamberimiz (s.a.v.) "Oruç tutunuz ki sıhhat bulasınız." buyurmuştur.

9- Zengin Müslümanların yılda bir, mallarının bir kısmını muhtaçlara vermelerine "Zekât" denir.

10- Zekât verilecek kimseler, Tevbe sûresi 60. âyette bildirilen 8 gruptur.

11 - Zenginlere, anne-baba, dede-nine, evlatlara ve kâfirlere zekât verilmez.

12- Zekât, altın, gümüş, para, koyun-keçi, sığır-manda ve deveden verilir.

13- Zekât, malı bereketlendirir ve artırır.

14- Fıtır sadakası vaciptir. Hiçbir zaman oruç tutamayanlar fidye verirler.

NELER ÖĞRENDİK?

1 -

SORULAR

1 - Belirli bir .... belirli bir kısmını, belirli bir .... sonra muhtaçlara vermeye .... denir.

3- Hangilerine zekât farz değildir? Doğru olanları işaretleyiniz.

☐ a- Müslüman olanlara   ☐ c- Çocuklara

☐ b- Zenginlere   ☐ d- Delilere

4- Dinimize göre zekât nisap miktarı .... gram altındır.

5- Hangilerine zekât verilebilir? Doğru olanları işaretleyiniz.

☐ a- Miskinlere   ☐ c- Kölelere

☐ b- Anne-Babaya   ☐ d- Zenginlere

6- Zekât şunlardan verilir:

a- Altın, ..., ... ve her türlü .... mallarından

b- Koyun, ..., sığır, manda ve .... den

c- Her türlü .... ürünlerinden

8- Fıtır sadakasına .... de denir.

9- Fıtır sadakası, Ramazan .... namazından önce verilmelidir.

10- Oruç tutamayanların fidye vermeleri ....tir.

KURBAN

- Kurbanın Tanımı
- Kurban Kimlere Vaciptir?
- Hangi Hayvanlar Kurban Edilebilir?
- Kurbanın Faydaları

Kurbanın Tanımı

Kurban Bayramı günlerinde Allah'a yaklaşmak için ibâdet niyetiyle kesilen hayvana "Kurban" denir.

Kurban, Allah'ı anmak, O'nu hatırlamak ve O'nun rızasını kazanmak için kesilir. Kurban, hicretin ikinci yılında emredilmiştir. Vacip bir ibâdettir.

Peygamberimiz; "Hâli, vakti yerinde olup da kurban kesmeyen mescidimize yaklaşmasın." buyurmuştur.

Kurban Kimlere Vaciptir?

Bir insana kurban kesmenin vacip olabilmesi için: Müslüman, akıl-bâliğ, zengin, mukim ve hür olması gerekir.

Hangi Hayvanlar Kurban Edilebilir?

1 - Koyun ve keçi   2- Sığır ve manda   3- Deve

Kurban kesecek olan kişi, bu hayvanlardan birini kesmelidir. Bunlardan başka bir hayvan kurban olarak kesilemez. Kurban, Kurban Bayramı'nın ilk üç gününde kesilir. Bu günlerden önce veya sonra kesilen hayvanlar kurban sayılmazlar.

Kurbanın Faydaları

Kurban, mal ile yapılan bir ibâdettir. Bu ibâdetle Allah'a şükredilmiş olur. Kurban ibâdetinin birçok faydası vardır. Kurban ibâdeti, Müslümana Allah rızasını kazandırır. İnsanı günahlardan arındırır. Müslümanları kaynaştırır. Bir yıl boyunca evine et götüremeyen fakirleri sevindirir.

SORULAR

1 - .... Bayramı günlerinde Allah'a yaklaşmak için ....
niyetine kesilen hayvana .... denir.

2- Kurban, hicretin .... yılında emredilmiştir. .... bir ibâdettir.

3- Peygamberimiz: "Hâli, vakti, yerinde olup da kurban kesmeyen
.... yaklaşmasın." buyurmuştur.

4- Kurban kimlere vaciptir? İşaretleyiniz.

   ☐ a- Çocuklara.   ☐ c- Mukim olanlara (yolcu olmayanlara)

   ☐ b- Kölelere   ☐ d- Zengin olanlara

5- Hangi hayvanlar kurban olmaz? İşaretleyiniz.

   ☐ a- Koyun-Keçi   ☐ c- Ördek-Hindi

   ☐ b- Deve   ☐ d- Sığır-Manda

6- Kurban, ... Bayramı'nın ilk .... gününde kesilir.

7- Kurban, insanı .... yaklaştırır ve .... arındırır.
Müslümanları birbirlerine .... ve evine et götüremeyen ....
sevindirir.

HAC

- Haccın Tanımı
- Haccın Farzları
- Haccın Farz Olmasının Şartları
- Haccın Faydaları
- Umre

Haccın Tanımı

İhrama girerek, hac günlerinde Arafat'ta vakfe yapmaya ve Kâbe'yi tavaf etmeye "Hac" denir.

Hac, İslâm'ın şartlarından biridir. Hem mal, hem de bedenle yapılan bir ibâdettir.

Haccın Farzları

1 - İhrama girmek:

Hac ve umre yapmak için belirli sürelerde ve yerlerde daha önce helal olan bazı şeyleri nefsimize geçici olarak yasaklamaktır. Ayrıca hacda giyilen dikişsiz elbiseye de "İhram" denir.

2- Arafatta vakfe (durmak):

Mekke yakınlarında bulunan Arafat dağında bir müddet durmaya "Vakfe" denir.

3- Tavaf:

İbâdet maksadıyla Kâbe'nin etrafında yedi defa dönmeye denir.

Haccın Farz Olmasının Şartları

- Akıllı olmak.
- Bâliğ olmak.
- Hür olmak.
- Müslüman olmak.
- Zengin olmak.
- Sağlıklı olmak.
- Yol emniyetinin olması.

Haccın Faydaları

- Hac, dünya Müslümanlarını biraraya getiren bir ibâdettir.
- Hac, insanın bütün günahlardan tertemiz olmasını sağlar.
- Hac, tevhid inancını kuvvetlendirir.
- Hac, insana sabrı öğretir.
- Hac, bir cihad provasıdır.

"Kim Allah rızası için hacceder, orada kötü sözler söylemez, her türlü günahtan uzak dururса, sanki anasından doğduğu gün gibi tertemiz olur." (Hadîs-i şerif)

Umre

Umre: Kâbe'yi tavaf ve Safa ile Merve denilen iki yer arasında sa'y etmekten (koşar gibi gidip gelmekten) ibarettir. Umre her mevsimde yapılabilir.

SORULAR

1 - .... giyerek .... yapmaya ve .... tavaf etmeye hac denir.

2- Haccın farzları:

    ☐ a- .... giymek.

    ☐ b- .... vakfe.

    ☐ c- Kâbe'yi .... etmek.

3- Hacda giyilen dikişsiz elbiseye .... denir.

4- Hangileri haccın farz olmasının şartlarındandır? İşaretleyiniz.

    ☐ a- Akıllı olmak   ☐ c- Fakir olmak

    ☐ b- Sağlıklı olmak   ☐ d- Hür olmak

5- Hac, bir .... provasıdır.

6- Hac, insana .... öğretir.

7- Kâbe'yi tavaf ve Safa ile Merve arasında sa'y etmekten ibaret olan ve her mevsim yapılabilen ibâdete .... denir.

8- Hac, bir .... provasıdır.

CİHAD

- Cihad Nedir?
- Cihadın Gayesi
- Cihadın Özellikleri

Cihad Nedir?

Cihad, İslam'da "çaba göstermek" veya "gayret etmek" anlamına gelir. İyi işler yapmak ve barışı sağlamak için mücadele etmeyi ifade eder. Peygamberimiz Hz. Muhammed (s.a.v.) şöyle buyurmuştur: "En faziletli amel, Allah'a iman etmek ve onun yolunda cihad etmektir."

Cihad, Allah'ın Müslümanlara farz kıldığı önemli bir ibadettir. Bu kavram esas olarak iyilik ve adalet için çaba göstermeyi ifade eder. İşte cihadın bazı örnekleri:

- Okulda gayretli çalışmak: Daha fazla bilgi edinmek ve başarılı olmak için çalışmak.
- Sabırlı ve nazik olmak: Sabırla hareket etmek ve insanlara saygılı davranmak.
- Güzel ahlak: Anne babaya ve büyüklere karşı saygılı, nazik ve anlayışlı olmak.
- Paylaşmak ve cömertlik: Sahip olduklarımızı ihtiyacı olanlarla paylaşmak.
- Gönüllü faaliyetlerde bulunmak: Çevre temizliği yapmak veya hayır işleri için bağış toplama gibi etkinliklere katılmak.
- Adaleti savunmak: Kimsenin haksızlığa uğramaması için özen göstermek.
- Herkesin hak ve özgürlüklerini korumak: İnsanların iyi bir yaşam sürmesi için gayret etmek.

Hz. Muhammed (s.a.v.), hayatı boyunca cihadın anlamını en güzel şekilde göstermiştir. O her zaman adaleti tesis etmek, barışı sağlamak ve insanların haklarını korumak için mücadele etmiştir. Cihadı sadece savaşla ilişkilendirmek, İslam'ın derin anlamını ve öğretilerini yanlış anlamak demektir.

Cihadın Gayesi

Bir Müslüman sadece kendi mutluluğunu düşünmez. Aynı zamanda, diğer insanların da iyi bir hayat sürmesini, barış ve güven içinde yaşamalarını ister. Cihad, dünyada iyiliğin yayılması, adalet ve özgürlüğün hâkim olması ve barışın korunması için çaba göstermektir.

Cihadın temel amaçlarından biri, insan hayatını korumaktır. Kur'an-ı Kerim'de Allah şöyle buyurur: "Kim bir cana kıyarsa, sanki bütün insanlığı öldürmüş gibi olur." (Mâide Suresi, 5:32)

Bu ayet, İslam'da hayatı korumanın ne kadar önemli olduğunu açıkça göstermektedir.

Cihadın Özellikleri

Cihad, Kur'an-ı Kerim'de sıkça zikredilir ve Allah'a hizmet etmenin en önemli yollarından biridir. İşte cihadın dikkat çeken bazı özellikleri:

- Her zaman geçerlidir: Cihad, belirli bir zaman dilimiyle sınırlı değildir; ömür boyu süren bir görevdir.

- Sabit bir sınırı yoktur: Her Müslüman, sahip olduğu imkanlara ve koşullara göre farklı şekillerde cihad edebilir.

- Önemli bir farzdır: Allah, cihadı imanın temel bir parçası olarak farz kılmıştır.

- Büyük bir ödülü vardır: Cihad yolunda iyilik için çaba harcayanlar, Allah tarafından özel bir şekilde ödüllendirilir.

SORULAR

1 - Cihad, Kur'an-ı Kerim'de .... zikredilir.

2- Cihad, ... sınırlı değildir; ömür boyu süren bir görevdir.

3- Her Müslüman, sahip olduğu .... göre farklı şekillerde cihad edebilir.

4- Allah, cihadı .... temel bir parçası olarak farz kılmıştır.

5- Cihad yolunda iyilik için çaba harcayanlar, ... tarafından özel bir şekilde ödüllendirilir.

MÜBÂREK GÜNLER VE GECELER

- Mübârek Aylar
- Mübârek Günler
- Mübârek Geceler

Mübârek Aylar

İslâm'a göre ibâdetler, kamerî aylara göre yapılır. Bu aylar içerisinde, Cenâb-ı Allah katında mübârek olan bazı aylar vardır. Recep, Şaban ve Ramazan ayları bu aylardandır. Bu aylara "Üç Aylar" da denir.

Regaib ve Mi'rac kandilleri Recep ayında, Berat kandili de Şaban ayının içindedir. Kadir gecesi de Ramazan ayındadır ya da Muharrem ayı ise hicrî ayların birincisidir.

Mübârek Günler

Cuma Günü:

Cuma günü, Müslümanların bayramıdır. Bu mübârek günde Müslümanlar camilerde toplanırlar, Okunan hutbeleri dinleyerek faydalanırlar. Hep birlikte cuma namazını kılarlar.

Bir hadîs-i şerifte: "Üzerine güneşin doğduğu en hayırlı gün cuma günüdür. Hz. Âdem, o gün cennete konulmuş, o gün cennetten çıkarılmıştır. Kıyamet de o gün kopacaktır." buyurulmuştur.

Hicrî Yılbaşı:

Peygamberimiz'in, Mekke'den Medine'ye göç etmesi, hicri takvime başlangıç tarihi kabul edilmiştir. Hicrî takvim, Muharrem ayı ile başlar. Her yılın 1 Muharrem günü, Hicri Yılbaşı olur.

Ramazan Bayramı:

Ramazan ayında tutulan oruçtan sonra kutladığımız bayramdır. Üç gündür.

Kurban Bayramı:

Ramazan Bayramı'ndan iki ay on gün sonra kutladığımız, dört günlük bir bayramdır. Kurban Bayramı'ndan bir önceki güne "Arefe Günü" denir. Müslümanlar, Arefe günü Sabah namazından başlıyarak, bayramın dördüncü günü İkindi namazı da dahil olmak üzere, yirmi üç vakitte farz namazların sonunda tekbir getirirler. Buna "Teşrik Tekbiri" denir ve getirilmesi vaciptir.

Mübârek Geceler:

Dinimizde mübârek sayılan gecelerimiz vardır. Bu mübârek gecelere "Kandil Geceleri" denir. Bu gecelerde mü'minler Allah'a yalvarma ve af dileme fırsatını elde ederler.

Mevlid Kandili:

Peygamberimiz'in doğum gecesidir. Rebîülevvel ayının 12. gecesine denir.

Regaib Kandili:

Recep ayının ilk cuma gecesidir.

Mi'rac Kandili:

Recep ayının 27. gecesidir.

Berat Kandili:

Şaban ayının 15. gecesidir

Kadir Gecesi:

Ramazan ayının 27. gecesidir

Bütün bu kandil gecelerinde, kaza namazları kılınır. Kur'an okunur, ziyaretler yapılır, Allah'tan af dilenir ve bol bol dua edilir.

MÜBÂREK GECELER

Mevlid Kandili:
Mevlid, doğum gecesi,
Sevgili Peygamberin.
En kutlu gecesidir,
Göklerin ve yerlerin.

Regaib Kandili:
Rağbet (dilek) demektir,
Şu beş mübârek.
Regaib'se (dilekler),
Regaib kandilinde,
Müslümanlar af dilerler.

Mir'ac Kandili:
Bu mübarek gecede,
Bindi nurdan atına.
Allah'ın peygamberi,
Çıktı Allah katına.

Berat Kandili:
Berat kandili'nde,
Tevbe kabul edilir.
Aklanmış gönüllerle,
Yola devam edilir.

Kadir Gecesi:
Kadir gecesi indi,
Yüce Kur'ân-ı Kerîm.
Her şeye kadir olan,
Allah'a şükredelim.

Gökhan EVLİYAOĞLU

KANDİL VE UÇURTMA

Krepon kağıtlarından kocaman bir uçurtma yapmayı tasarlamıştık. Tam dört renkli yıldızlar kesip, yapıştıracaktık üzerine. Ama evdeki hesap çarşıya uymadı. İstanbul'da oturan halamın bir bebeği olmuştu. Berat kandili'ne bir hafta kala, dedemle, ninem onu görmeye gittiler. Oysa biz bütün umudumuzu onlara bağlamıştık. Kandil gecesi ellerini öpüp "Kandiliniz mübârek olsun." diyecektik. Onlarda bizim yanaklarımızı okşayıp, avucumuza hatırı sayılır bir harçlık sıkıştıracaklardı. Artık gerisi kolaydı: Ben krepon kağıtlarıyla, uçurtma kamışlarını alacaktım, kardeşim de kendi parasıyla yapıştırıcı ve elişi kağıtlarını temin edecekti. Fakat şimdi bütün umutlarımız suya düşmüştü.

Kardeşimi bilmem ama, ben her gece yatağa girdiğim zaman, ninemle dedemin kandilden önce dönmeleri için Allah'a dua ediyordum. Bir gece yatakta mırıldandığımı işiten kardeşim:

- Kiminle konuşuyorsun? diye sordu.

- Dua ediyorum, dedim.

- Ne için?

- Dedemle ninemin erken dönmeleri için... Yoksa renkli uçurtmayı yapamıyacağımızı biliyorsun.

- Dönerler mi dersin?

- Belki de dönerler.

- Eğer dönmezlerse, biz de annemle babamın ellerini öperiz.
  Birden heyecanlandım. Kardeşimin teklifi fena fikir değildi.

- Öpmesine öperiz de, acaba para verirler mi? Dedim.

- Hiç olmazsa deneriz.

- Haklısın, diye karşılık verdim. Boşuna umutlanmışız.
  Ninemle dedem dönselerdi ne olurdu sanki?

Ömrümde o gecedeki kadar üzüldüğümü hatırlamıyorum. "Bir anne baba nasıl olur da, böyle anlamlı bir günde, elleri öpüldüğü hâlde, çocuklarına harçlık vermeyi düşünemez?"diye için için kızıyordum. Ama çok yanılmışım.

Sabahleyin uyandığımda, yatağın yanıbaşında rengârenk kağıtlarla süslenmiş, kocaman bir uçurtma buldum. Neredeyse sevinçten deli olacaktım. Meğer babam birkaç akşamdır, bizim kapımızı dinleyip uçurtma hayali kurduğumuzu bilirmiş, böylece bir sürpriz yapmayı düşünmüşler. Yeniden boyunlarına sarılıp sevgiyle kucakladım onları...
Annemle babam ayrıca yüzer lira da harçlık verdiler.
- Şimdi daha kârlıyız, dedi kardeşim, gülerek. Hem uçurtmamız var, hem de paramız.
Babam, ikimizin de saçlarını okşarken:

- Elbette, diye karşılık verdi. Çünkü bütün kandiller berekettir, bolluktur.

Üzeyir GÜNDÜZ

NELER ÖĞRENDİK?

1 - İhrama girerek, Arafat'ta vakfe yapmaya ve Kâbe'yi tavaf etmeye "Hac" denir.

2- Haccın farzları;
- İhrama girmek,
- Arafat'ta vakfe yapmak,
- Kâbe'yi tavaf etmektir.

3- Hac, akıl-bâliğ, zengin, hür ve sağlıklı her Müslümana farzdır.

4- Hac, dünya Müslümanlarını biraraya getirir.

5- Hac, bütün günahlardan tertemiz olmayı sağlar.

6- Hac, insana sabrı öğretir.

7- Kurban; akıl-bâliğ, zengin, hür ve mukim Müslümanlara vaciptir.

8- Kurban; koyun-keçi, sığır-manda ve deveden olur.

9- Kurban, Müslümana Allah'ın rızasını kazandırır.

1 0- Kurban, Müslümanları kaynaştırır.

11 - Cihad, Allah'ın farz kıldığı bir ibâdettir.

1 2- "Amellerin en faziletlisi, Allah'a iman ve Allah yolunda cihad etmektir."

1 3- Cihadın gayesi, kötülüklerle mücadele etmek, barış ve huzuru sağlamaktır.

1 4- Mübârek aylar: Recep, Şaban ve Ramazan aylarıdır.

1 5- Mübârek günler: Cuma, Hicrî Yılbaşı, Ramazan ve Kurban Bayram'ları.

1 6- Mübârek geceler: Mevlid, Regaib, Mi'rac, Berat kandilleri ile Kadir gecesidir.

NELER ÖĞRENDİK?

1 - ....

....

....

....

....

....

....

....

....

....

....

....

....

SORULAR

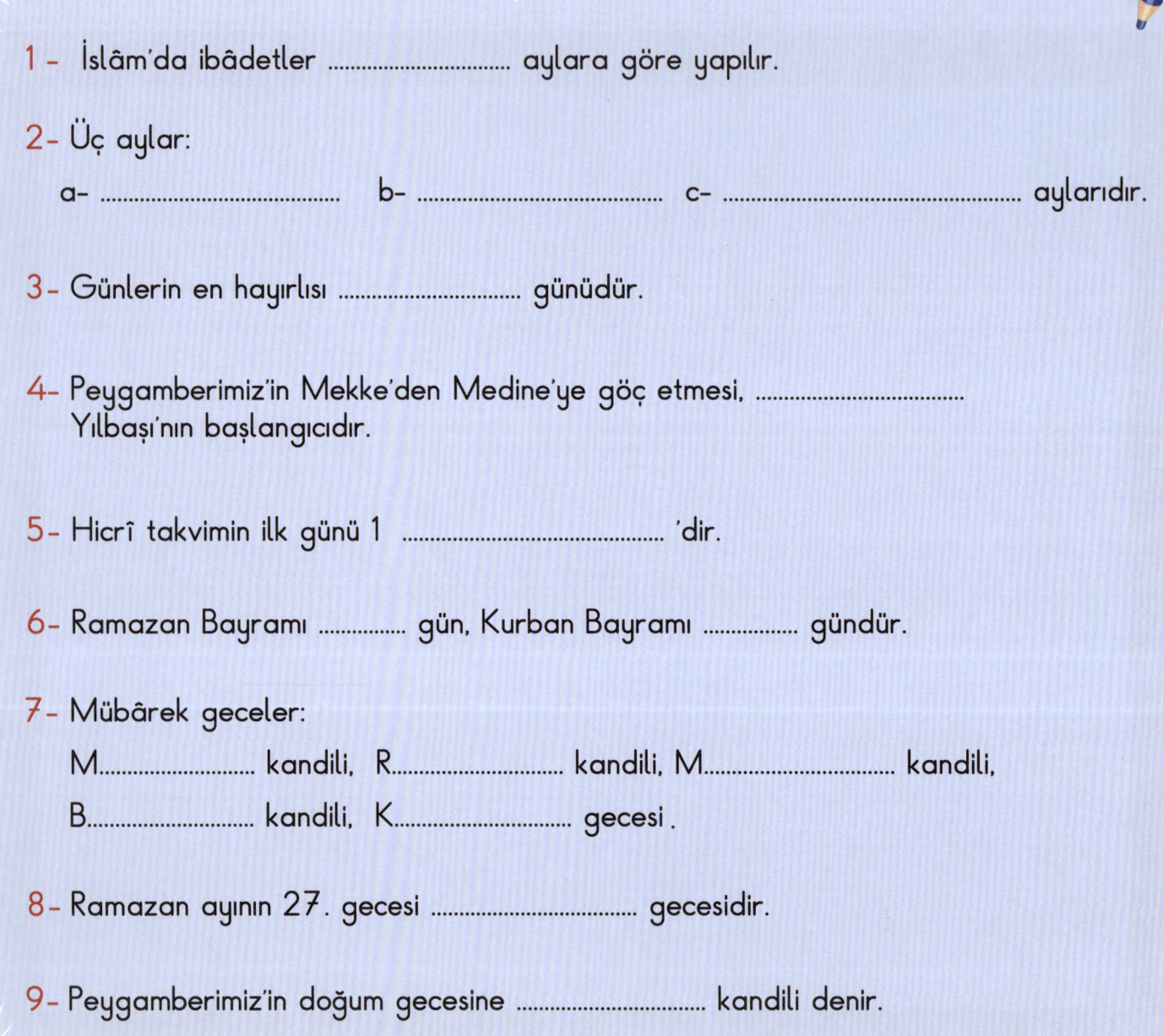

1 - İslâm'da ibâdetler .... aylara göre yapılır.

2- Üç aylar:

a- ....   b- ....   c- .... aylarıdır.

3- Günlerin en hayırlısı .... günüdür.

4- Peygamberimiz'in Mekke'den Medine'ye göç etmesi, ...
Yılbaşı'nın başlangıcıdır.

5- Hicrî takvimin ilk günü 1 .... 'dir.

6- Ramazan Bayramı .... gün, Kurban Bayramı .... gündür.

7- Mübârek geceler:

M......................... kandili, R.......................... kandili, M............................ kandili,

B.......................... kandili, K.......................... gecesi .

8- Ramazan ayının 27. gecesi .... gecesidir.

9- Peygamberimiz'in doğum gecesine .... kandili denir.

SİYER

- **MEKKE DÖNEMİ**

- **MEDİNE DÖNEMİ**

MEKKE DÖNEMİ

I. KISIM

- Peygamberimiz Doğmadan Önce Arabistan'daki Son Durum
- Peygamberimiz'in Doğumu, Çocukluğu, Gençliği, Evlilik Hayatı

Peygamberimiz Doğmadan Önce Arabistan'daki Durum

Tarihler Hz. Îsâ'nın doğumundan itibaren 6. yüzyılı gösteriyordu. İnsanlar sürekli birbirleriyle kavga ediyorlar ve güçlü olan zayıfı eziyordu. İnsanlar köle yapılarak pazarlarda satılıyordu. Fakir, faiz zulmü altında inliyordu. İnsanlar, ahlâkça çok kütü bir durumda idi. Özellikle kadınların ve kız çocuklarının yaşama hakları yok gibiydi.

Dinî hayat ise daha da perişandı. İnsanlar kendi elleriyle yaptıkları putlara tapıyorlardı.

Kısaca toplum her yönden çökmüş ve bir kurtarıcı (peygamber) bekliyordu.

Peygamberimiz'in Doğumu

Peygamberimiz; milâdî 571 yılında Mekke şehrinde doğdu. Rebîülevvel ayının 12. gecesi olan pazartesi gecesi sabaha karşı dünyaya geldi. Ona, dedesi Abdulmuttalib, övülmüş anlamına gelen "Muhammed" ismini, annesi de "Ahmed" ismini verdi.

Babası, Kureyş kabilesinin Haşimoğulları'ndan Abdullah, annesi Âmine'dir. Dedesinin adı Abdulmuttalib, amcasının adı ise Ebû Tâlib'dir.

Peygamberimiz'in Soyağacı

```
                        Abdulmuttalib
   ┌──────┬──────┬──────┬──────┬──────┬──────┐
Ebû Leheb  Zübeyr  Hamza  Abdullah  Ebû Tâlib  Abbas  Haris
                             │
                     Hz. Muhammed (s.a.v.)
   ┌──────┬──────┬──────┬──────┬──────┬──────┐
 Zeynep  Rukiyye  Ümmü   Fâtıma  Abdullah  Kasım  İbrâhim
                  Gülsüm
```

Peygamberimiz'in Doğduğu Gece Olan Bazı Olağanüstü Olaylar

- İran kralının sarayında ondört direk yıkıldı.
- Ateşe tapan mecûsîlerin ateşleri söndü.
- Kâbe'deki bütün putlar yüz üstü yere yıkıldı.
- Save gölü kurudu.
- Semave deresinin suları taştı.

Peygamberimiz'in Çocukluğu

Babası:

Peygamberimiz, doğduğu zaman babası Abdullah'ı göremedi. Çünkü babası Abdullah, Peygamberimiz'in doğumundan iki ay önce vefat etmişti. Peygamberimiz'in babası Abdullah o zaman yirmi beş yaşındaydı.

Sütanneye verilişi:

Mekke'nin havası ağırdı. Mekkeliler, yeni doğan çocuklarını havası daha güzel, yakın köylere gönderirlerdi. Mekke'de bu gelenek çok yaygındı. Benî Sa'd kabilesi Araplar arasında çok nam yapmış kabileler arasında yer alırdı. Bu kabilenin en güzel özelliklerinden birisi de Arapçayı çok güzel konuşmalarıydı.

Benî Sa'd aşiretinin yaşadığı yerler, kıtlık ve kuraklıktan çok zor durumda kalmıştı. Bu kabileden Hz. Halîme ismindeki bir hanım, diğer birçok kadın gibi Mekke'ye giderek bir çocuk almak istemişti. Fakir ve sütü az olan Hz. Halîme, geriye boş dönmemek için en sonunda yetim olan Hz. Muhammed (s.a.v.)'i almaya karar verdi. Peygamberimiz'i alıp yurduna geldi. Hz. Halîme'nin evinde bolluk ve bereket arttı. Hz. Halîme, bu çocuğun bir uğur getirdiğine ve Allah'ın bir lütfu olduğuna inandı.

Okuma Parçası

SÜTANNE

Mekke'de sütanne geleneği çok yaygın idi. Hemen hemen her çocuk sütanne tarafından yetiştirilirdi. Peygamberimiz, yetim bir çocuk olduğu için onu kimse almak istemiyordu. Sadece, Hz. Halîme aldı. Hz. Halîme hem fakir, hem de sütü az olan birisi idi.

Hz. Halîme, Hz. Muhammed (s.a.v.)'in kendi evine gelmesiyle bolluk ve bereket içinde bir hayat yaşadığının farkında idi. Bu sebeple dört yıl boyunca, bu aziz çocuğu gözünden bile sakınmıştı. Üstelik bu kıymetli varlık, yaşıtlarından farklı hareket ederek dikkatleri üzerine topluyordu. Peygamberimiz, bir gün süt kardeşlerinden Şeyma ile öğle sıcağında kuzuların yanına gitmişlerdi. Hz. Halîme onları evde bulamayınca, koşarak kuzuların yanına gitti. Onları orada görünce: "Bu sıcakta dışarıda ne işiniz var?" dedi. Hz. Şeyma: "Anneciğim! Kardeşime sıcak dokunmaz. Gezip dolaştığı yerlerde; başı üstünde bir bulut parçası da dolaşıyor ve onu gölgeliyor." demişti.

Peygamberimiz, bir gün arkadaşlarına: "Bütün peygamberler, koyun gütmüşlerdir." demişti. Arkadaşları: "Sen de güttün mü yâ Resûlallah?"dediklerinde, "Evet! Ben de güttüm" cevabını vermişti.

Yine Peygamberimiz, düzgün Arapça konuşmasını da Hz. Halîme'nin kabilesinde kalmasına bağlamış ve şöyle demiştir:

"Ben, aranızda en düzgün Arapça konuşanınızım; Ben Kureyş ailesindenim. Üstelik Benî Sa'd bin Bekir ailesinde süt emdim."

Efendimiz, sütannesi Hz. Halîme'nin yanında, süt kardeşleri Abdullah ve Şeyma ile güzel günler geçirmişti. Yetimliğinin ve kardeşi olmamasının sıkıntısını daha hafif atlatmıştı. Daha ileriki yaşlarında da sütannesine daima iyilik, izzet ve ikramda bulunmuştu.

Tünay ERMİŞ

Annesinin Vefatı:

Peygamberimiz sütannesinin yanında 4 yaşına kadar kaldı. Daha sonra annesine teslim edildi. Peygamberimiz 4 yaşından 6 yaşına kadar, annesi Âmine'nin yanında kaldı. Onun şefkatiyle büyüdü. Annesi onu 6 yaşındayken Medine'ye götürdü.

Peygamberimiz'in babasının kabrini, hem de akrabalarını ziyaret etmek istedi. Medine'de bir ay kaldılar. Tekrar Mekke'ye dönerlerken "Ebvâ" köyünde, 21 yaşında olan annesi vefat etti. Hizmetçisi Ümmü Eymen, Peygamberimiz'i Mekke'ye götürdü. Dedesine teslim etti. Böylece, Peygamberimiz doğmadan önce babasından yetim; 6 yaşında ise annesinin ölümüyle de öksüz kalmıştı. 6 yaşından 8 yaşına kadar Hz. Muhammed (s.a.v.)'e dedesi Abdulmuttalib baktı. Abdulmuttalib'in vefatıyla, Peygamberimiz'i öz amcası Ebû Tâlib yanına aldı.

Aşağıdaki cümleler doğru mu yanlış mı? İşaretleyiniz.	Doğru	Yanlış
Hz. Muhammed (s.a.v.) doğmadan önce İnsanlar kavga ediyor, güçlüler zayıfları eziyordu. Ahlâkça çok kötü durumdaydılar.	✓	
Peygamberimiz; milâdî 578 yılında Arabistan'nın Mekke şehrinde Rebîülevvel ayının 15. gecesi olan pazartesi gecesi sabaha karşı dünyaya geldi.		
Peygamber Efendimiz'e, dedesi Abdulmuttalib övülmüş anlamına gelen "Muhammed" ismini, annesi de "Ahmed" ismini verdi.		
Peygamberimiz'in babası, Kureyş kabilesinin Haşimoğulları'ndan Abdulmuttalib'tir.		
Peygamberimiz'in babası, Peygamberimiz'in doğumundan iki ay önce vefat etmişti.		
Mekke'nin havası ağır olduğu için Mekkeliler, yeni doğan çocuklarını havası daha güzel, yakın köylere gönderirlerdi.		
Peygamberimiz'in sütannesinin adı Hatice'dir.		
Peygamberimiz 6 yaşında annesinin ölümüyle de öksüz kaldı.		
6 yaşından 8 yaşına kadar Hz. Muhammed (s.a.v.)'e dedesi Abdulmuttalib baktı.		

Peygamberimiz'in Gençliği

Peygamberimiz'in hayatında 8 yaşından itibaren yeni bir dönem başladı. Bu dönem 25 yaşına kadar sürdü. Bu devrede Peygamberimiz, amcası Ebû Tâlib'in koruması altında bulunuyordu.

Peygamberimiz'in gençliği, çevresindekilere güzel bir örnek oluyordu. Kavminin ahlâk yönünden en güzeli, hayâ bakımından en olgunu, en doğru sözlü ve en güvenilir genciydi. Hatta kavmi ona "Muhammedü'l-Emin", yani "güvenilir" lakabını verdi.

O, akrabayı ziyaret edip iyilikte bulunurdu. Misafirine ikram eder, herkesten fazla Allah'tan korkardı.

Kays kabilesi ile Kureyş kabilesi arasında Ficar Harpleri kızışmıştı. Resûlullah bu harplerin bir kısmına şâhit oldu. Bu harplerde amcalarına ok verirdi. Böylece harp etmeyi, binicilik, atıcılık gibi bazı savaş tekniklerini de öğrendi. Peygamberimiz bu sırada 19-20 yaşlarında idi.

Ticaretle Uğraşması

Peygamberimiz, hayatını kendi kazanmaya, başkalarına yük olmamaya, özen gösterirdi. Geçimini sağlamak için ticaretle uğraştı. Özellikle Suriye tarafına doğru iki defa, biri de Yemen'e olmak üzere üç defa ticaret kervanlarına katıldı.

Resûlullah, Allah Teâlâ tarafından cahiliyenin pislik ve kötü âdetlerinden uzak tutulmak suretiyle, korunarak gençlik çağına erdi.

Rahip Bahîrâ

Peygamberimiz'in amcası Ebû Tâlib, Şam'a ticaret için giden kervanla gitmek niyetinde idi. Hz. Muhammed (s.a.v.), amcasının bu niyetini anlamış ve kendisi de gitmek istemişti. Fakat halaları ve diğer amcaları onun bu yolculuğa dayanamayacağını düşünerek karşı çıkmışlardı. Esasında Ebû Tâlib, çok sevdiği yeğeninin kalbini kırmamak için, onu yanında götürmek istiyordu.

Derken yolculuğa çıkılacağı gün, Ebû Tâlib yeğenini bir köşede ağlarken görünce: "Niye ağlıyorsun canım Muhammed'im? Ayrılığıma mı üzülüyorsun?" diye sordu. Bunun üzerine Hz. Muhammed (s.a.v.):

"Evet amcacığım!.. Beni burada kime bırakıp gidiyorsun? Ne annem var, ne babam!" diye içli içli ağladı. Bu etkileyici sözlere dayanamayan Ebû Tâlib, yeğeninin gelmesine razı oldu.

Onu da alarak yola koyuldu. Dinlenmek ve ihtiyaç molası için küçük bir kasaba olan Busra'ya uğradılar. Kasabaya vardıklarında kervanı konaklatacakları bir yere geldiler. Busra kasabasında Hristiyanların çok sıkça uğradıkları meşhur bir manastır vardı.

Bu manastırda "Bahîrâ" isminde bir rahip bulunmaktaydı. Bu eski tarihi manastırda rahip Bahîrâ'nın elindeki İncil kitabında, âhir zaman peygamberinin geleceği ve özellikleri anlatılmaktaydı.

Rahip Bahîrâ, gelen geçen bütün kervanları, manastırın hemen yakınında bulunan bir tepeden devamlı gözlüyordu.

Bahîrâ'nın içinde, bir gün muhakkak son peygamberi göreceğine dair, büyük bir umut vardı. Bu bekleyişler nihayet son bulmuştu.

Uzaktan görünen bir kervanın üstündeki bulut, onu hayretlere düşürmüştü. Bulut devamlı, ilerleyen kervanın üzerindeydi. Kervanın konakladığı yerdeki kuru bir ağaç birdenbire yemyeşil olmuştu. Dağlar, taşlar hep bir ağızdan tesbihe başlamıştı. Bu, Bahîrâ'nın dikkatinden kaçmamıştı.

Bahîrâ sevincinden yerinde duramıyordu. Yıllardır beklediği an gelip çatmıştı. Kervanın içinde olan bu mübârek insanı görebilmek için, onları yemeğe davet etti. Yemeğe gelen misafirler Hz. Muhammed (s.a.v.)'i eşyalara bakmaları için kervanın başında bırakmışlardı.

Bu durum Bahîrâ'nın dikkatini son anda çekmişti. Çocuğun da getirilmesini istedi. Hz. Muhammed (s.a.v) gelince, Rahip Bahîrâ onu uzun uzun inceledi. Hâl, hareket ve sözlerinden onun son peygamber olduğunu iyice anladı. Okuduğu İncil'de bahsedilen peygamberlik mührününü onun sırtında görünce, artık hiçbir şüphesi kalmamıştı. Bütün bu olanı biteni gören kervandakiler de şaşırıp kalmışlardı.

Rahip Bahîrâ, Ebû Tâlib'ten, Hz. Muhammed (s.a.v.)'i kesinlikle Şam'a götürmemesini istedi. İnançsızların, ona zarar vereceği hususunda onu uyardı. Bunun üzerine Ebû Tâlib, mallarını hemen Busrâ'da satarak, yeğeniyle Mekke'ye döndü.

Yola koyulmalarından bir süre sonra, son peygamberin geldiğini tahmin eden Mûsevîlerden bir grup manastıra gelerek, Bahîrâ'dan yardım istemişlerdi. Gelecek olan son peygamberi öldürme niyetiyle gelen bu kişileri Bahîrâ sakinleştirdi. Bu kişiler, Bahîrâ'nın anlattıklarından etkilenip, tevbe ettiler.

Peygamberimiz'in Evlilik Hayatı

Peygamberimiz 25 yaşına gelince, Huveylid'in kızı Hz. Hatice ile evlendi. O, kadınların faziletlilerinden ve Kureyş'in ileri gelenlerindendi. Olgun, akıllı ve iyi ahlâklı idi. Mekke'deki zenginlerdendi. Dul bir kadındı. Peygamberimiz'le evlendiklerinde 40 yaşındaydı.

Hz. Hatice, ticaretle uğraşan bir kadındı. O, Hz. Muhammed (s.a.v.)'in doğruluğunu, ahlâkının güzelliğini denemiş ve görmüştü. Kendisiyle evlenmek istediğini Peygamberimiz'e iletti. Peygamberimizin amcaları Ebû Tâlib ve Hamza beraberce gittiler. Ebû Tâlib, Hz. Hatice'yi Peygamberimiz'e istedi. Böylece evlilik gerçekleşmiş oldu.

Hz. Hatice, Peygamberimiz'in ilk hanımı idi. Peygamberimiz'in, İbrâhîm hariç diğer çocukları Kasım, Abdullah, Ümmü Gülsüm, Rukiye, Zeynep, Fâtıma ondan dünyaya gelmişlerdi.

Peygamberimiz'in Kâbe Hakemliği

Peygamberimiz 35 yaşında iken, "Kâbe Hakemliği"nde bulunmuştu. Seller ve yangınlar sebebiyle Kâbe yıkılacak hale gelmişti. Mekkeliler toplanarak Kâbe'yi tamir etmeye karar verdiler ve inşaata başladılar.

Kâbe'nin duvarları belli bir yüksekliğe ulaşınca "Hacerülesved"in yerine konulmasında anlaşmazlık çıktı. Her kabile "Hacerülesved"i yerine koyma şerefinin kendisine ait olduğunu iddia ediyordu. Neredeyse savaş çıkacaktı.

Yaşlı bir Mekkeli: "Kâbe'ye Safa kapısından ilk gireni hakem tayin edelim." dedi. Bu teklif uygun görüldü. Bu sırada Peygamberimiz Safa kapısından içeri girdi. Mekkeliler, Peygaberimiz'in hakem olacağına çok sevindiler. Peygamberimiz de hırkasını çıkararak Hacerülesved'i üzerine koydu. Bütün kabile reislerinin de hırkanın uçlarından tutmalarını istedi. Hacerülesved konacağı yere taşındı. Peygamberimiz de taşı alıp yerine koydu. Anlaşmazlığı bu şekilde önlemiş oldu.

NELER ÖĞRENDİK?

1 - Peygamberimiz, 571 yılının Rebîülevvel ayının 12. gecesi olan pazartesi gecesi Mekke'de dünyaya geldi.

2- "Muhammed" övülmüş demektir.

3- Peygamberimiz'in doğduğu gece;
- İran kralının sarayının 14 direği yıkıldı.
- Mecûsîlerin ateşi söndü.
- Kâbe'deki bütün putlar yere yıkıldı.
- Save gölü kurudu.
- Semave deresi kurudu.

4- Peygamberimiz;
- 4 yaşına kadar sütannesi Halîme'nin yanında kaldı.
- 6 yaşına kadar annesi Âmine'nin yanında kaldı.
- 8 yaşına kadar dedesi Abdülmuttalib'in yanında kaldı.
- 25 yaşına kadar amcası Ebû Tâlib'in yanında kaldı.

5- Peygamberimiz'in babası Abdullah, Peygamberimiz doğmadan vefat etti. Annesi Âmine ise 21 yaşında "Ebvâ" köyünde vefat etti.

6- Peygamberimiz, amcası Ebû Tâlib ile ticaret için Şam'a gitmişti. Busrâ kasabasında konakladıkları sırada Bahîrâ isminde bir papaz, onun son peygamber olacağını haber verdi.

7- Peygamberimiz, Mekke'nin en güvenilir genci idi. Bu yüzden Mekkeliler ona "Muhammedü'l-Emîn" diyorlardı.

8- Peygamberimiz, 25 yaşına geldiğinde Huveylid'in kızı Hz. Hatice ile evlendi.

9- Peygamberimiz'in; 3 erkek, 4 kız çocuğu dünyaya geldi.

10- Peygamberimiz, 35 yaşında iken "Kâbe Hakemliği"nde bulunmuştu.

NELER ÖĞRENDİK?

1 -

SORULAR

1- Peygamberimiz, ... yılında .... şehrinde doğdu.

Peygamberimiz'e dedesi, ... ismini, annesi ise .... verdi.

Babasının adı ...., annesinin adı ....'dir.

2- Peygamberimiz'in doğduğu gece olan olaylardan hangileri doğrudur? İşaretleyiniz.

☐ a- Save gölü kurudu.

☐ b- Samave deresinin suları kesildi.

☐ c- Mecûsîlerin ateşi yandı.

☐ d- İran kralının sarayının ondört direği yıkıldı.

3- Peygamberimiz, doğmadan .... ay önce babası öldü.

4- Peygamberimiz'in sütannesi ....'dir.

5- Peygamberimiz'le ilgili aşağıdaki bilgilerden hangileri doğrudur? İşaretleyiniz.

☐ a- Sütannesinin yanında 6 yıl kaldı.

☐ b- 8 yaşındayken dedesi öldü.

☐ c- Annesi 6 yaşında öldü.

☐ d- Dedesi ölünce amcası Ebû Leheb'in yanında kaldı.

6- Peygamberimiz'in son peygamber olacağını rahip .... haber vermişti.

7- Peygamberimiz'in .... yaşından .... yaşına kadar amcasının yanında kaldı.

8- Peygamberimiz aşağıdaki beldelerden hangilerine ticari amaçlı seyahatler yapmıştır?

☐ a- Yemen

☐ b- Habeşistan

☐ c- Suriye

☐ d- Medine

9- Peygamberimiz: .... yaşında iken .... yaşındaki Hz. .... ile evlendi

10- Peygamberimiz'in .... erkek, ... kız olmak üzere .... çocuğu oldu.

2. KISIM

- Hz. Muhammed (s.a.v.)'in Peygamber Olarak Gönderilmesi
- Peygamberimiz İlk Vahiy Sonrası Hz. Hatice'nin Evinde
- Kureyşlilerin Müslümanlara İşkenceleri
- Müslümanların Habeşistan'a Birinci ve İkinci Hicretleri
- Müslümanlar Muhasara Altında

Hz. Muhammed (s.a.v.)'in Peygamber Olarak Gönderilmesi

Hz. Muhammed (s.a.v.), peygamberlik öncesinde yanına ihtiyacı kadar az bir yiyecek alır, Mekke'den bir saat uzaklıktaki Nur dağına giderdi. Orada aylarca tefekkür ederdi. Kalben Allah'a yönelir, hep Allah'ı zikrederdi.

Yine bir gün Allah'a yönelmiş, kulluk edip dua ediyordu. Artık peygamberlik için beklenen gün gelmişti. Ramazan'ın 27. günü idi. Peygamberimiz 40 yaşına gelmişti. Tarih milâdî 610 yılını gösteriyordu. Cebrâil (a.s.) onun yanına gelip:
- Oku! Yâ Muhammed!, dedi. Bu ses üç kere tekrar edildi.
- Ben okuma bilmem!, diyen Hz. Muhammed (s.a.v.), üçüncüsünde: Ne okuyayım! dedi. Meleğin rehberliğinde, Peygamberimiz, Alak sûresinin ilk beş âyetini okudu. Böylece Kur'an âyetleri gelmeye başladı.

İlk gelen vahiy ve âyetler şöyle idi:

Oku! Yaratan Rabbinin adıyla oku.

O, insanı bir kan pıhtısından yarattı.

Oku! Senin Rabb'in, en cömert olandır.

O, kalemle yazmayı öğretendir.

O, insana bilmediğini öğretendir.

      (Alâk sûresi, 1 –5. âyet)

Peygamberimiz İlk Vahiyden Sonra Hazreti Hatice'nin Evinde

Resûlullah (s.a.v.), kendisine Allah'ın ilk vahyi gelince heyecan ve korku içerisinde Nur dağından evine döndü.

"Beni örtünüz, beni örtünüz. Muhakkak ki ben kendimden korkuyorum." dedi.

Başından geçenleri sadık eşi Hz. Hatice'ye anlattı. O asil kadın, eşini teselli etti. Hz. Hatice ona; "Hiç korkma, Allah seni hiçbir zaman utandırmaz, üzüntüye uğratmaz. Çünkü sen akrabanı gözetirsin. İşini görmekten aciz olanların yüklerini taşırsın. Yoksula kimsenin vermediğini verir, kazandırmadığını kazandırırsın. Misafirleri ağırlarsın." dedi ve onun peygamberliğini tasdik etti. İlk Müslüman olma şerefine erdi.

Daha sonra Hz. Hatice, Resûlullah (s.a.v.)'le birlikte amcasının oğlu Varaka b. Nevfel'e gitti. Resûlullah (s.a.v.), gördüğü olayı Varaka'ya anlattı. Varaka;

"Sen bu ümmetin peygamberisin. Sana, Mûsâ'ya gelen Namus-u Ekber (Cebrâil) gelmiştir. Seni yurdundan çıkarıp, seninle savaşacaklardır." dedi.

Nur Dağı - (Hira Mağarası)

Vahiy bir müddet kesildi. Sonra peşpeşe gelmeye ve Kur'an âyetleri inmeye başladı.

Hz. Ali, Peygamberimizin azadlı kölesi Zeyd b. Harise ve Hz. Ebû Bekir, Müslüman oldular. Bunlar Hz. Hatice'den sonra İlk olarak Müslüman olanlardı.

Kureyşlilerin Müslümanlara İşkenceleri

Onüç yıl süren Mekke devri boyunca, birbirlerine karşı olan müşriklerle Müslümanların münasebetleri de yok denecek kadar azdı.

Müşrikler, Müslümanlara kötülük yapıyorlardı. Bütün Müslümanlar çeşitli işkencelere uğruyorlardı. Bu işkencelere sadece korumasız Müslümanlar değil, Peygamberimiz, Hz. Ebû Bekir, Hz. Ömer ve Hz. Osman gibi önde gelen kimseler de uğradılar.

Bu kötülükler şunlardı:

1 - Alay
2- Hakaret
3- İşkence
4- Her türlü ticari ve medeni münasebetlerin kesilmesi,
5- Şiddet uygulamak

Peygamberimiz, bütün bu kötülüklere karşı sabırla İslâm'ı anlattı. İnsanları hak dine davet etti.

Müslümanların Habeşistan'a İlk Hicreti (615 Yılı)

Resûlullah (s.a.v.) ashabının işkencelere uğradığını görünce onlara şöyle dedi: "Siz Habeşistan'a gitseniz iyi olur. Orada, yanında hiç kimsenin zulme uğramadığı bir hükümdar vardır. Orası doğruluk ülkesidir. Allah belki orada ferahlığa kavuşturur."

Bunun üzerine Müslümanlardan bir grup, Habeşistan'a gitmek üzere yola çıktı.

İslâm'da yapılan ilk hicret bu olup 15 Müslüman katılmıştı. Hicret edenler, Osman b. Maz'ûn'u kendilerine başkan yaptılar. Orada Habeş kralı Necâşî tarafından iyi karşılandılar. Mekkeli muhacirler Habeşistan'da ancak üç ay kalabildiler. Mekke'de işkencelerin bittiği, her şeyin düzeldiğine dair duydukları haber üzerine Mekke'ye döndüler.

Müslümanların Habeşistan'a İkinci Hicreti (616 Yılı)

Mekke devrinin 7. senesi Müslümanlar, ikinci defa Habeşistan'a hicret etmek zorunda kalmışlardı. Kafilede 90 kişi vardı. Başlarında Câfer bin Ebî Tâlib bulunuyordu. Kureyşliler, bir heyet oluşturup Necâşî'ye gönderdiler. Bu heyet Necâşî'den Müslümanları Mekke'ye geri göndermesini istedi. Müşriklere göre Müslümanlar, bölücülük yapıyor ve halkın inancını bozuyorlardı. Yapılan konuşmalar sonucu Necâşî, müşriklerin doğru söylemediklerini anladı. Müslümanları haklı buldu. Ülkesinde istedikleri kadar kalabileceklerini söyledi. Müslümanların bir kısmı burada Medine'ye hicret olana kadar kaldılar.

Müslümanlar Muhasara Altında

Mekkeli müşrikler, Müslümanları hak dinden vazgeçirmeye çalıştılar ama başaramadılar. İslamiyet gün geçtikçe genişliyordu. Hz. Hamza, Hz. Ömer gibi çevresi geniş ve etkili kişiler Müslüman olmuşlardı. Artık bir sonuca varmak istiyorlardı. Onlara göre, eğer Peygamberimiz (s.a.v.) ve onu destekleyen Hâşimoğulları kabilesiyle bağlantısını kesebilirlerse, İslam'ı ortadan kaldırmayı başaracaklardı. Bu yüzden müşrikler Peygamberimizi (s.a.v.) savunan Hâşimoğulları ve Muttaliboğulları kabilelerine karşı tam bir boykot uygulamaya karar verdiler, böylece bu kabileler zayıflar ve sonunda Peygamberimizi (s.a.v.) terk ederlerdi. Bu şekilde, Peygamberimizin (s.a.v.) onu savunacak bir kabilesi kalmazdı ve müşrikler onu öldürebilirdi.

Boykot maddeleri şunlardı:

1 - Müslümanlardan kız alınmayacak.
2- Onlara kız verilmeyecek.
3- Hiçbir şey satılmayacak.
4- Hiçbir şey satın alınmıyacak.

Bu maddeleri bir sayfaya yazdılar. Bunlara uymak, bu maddelere bağlı kalmak üzere anlaştılar. Daha sonra bu sahifeyi kendilerine kutsallaştırmak için Kâbe'nin içine astılar. Bu boykot üç yıl sürdü.

SORULAR

1 - Peygamberimiz, zaman zaman yanına yiyecek alır ve .... dağına giderdi.

2- Hz. Muhammed (s.a.v.)'e peygamberlik hangi yılda verildi?

☐ a- 571   ☐ c- 622

☐ b- 61 0   ☐ d- 632

3- Peygamberimiz .... yaşında peygamber oldu.

4- İlk inen âyetler .... sûresinin ilk .... âyetidir.

5- İlk vahiyden sonra, Peygamberimiz'i hanımı Hz. Hatice, amcasının oğlu
.... götürdü.

6- Müşrikler, Müslümanlara karşı A .... ve H .... ederek
İ................................. yaparak, ilişkileri keserek ve şiddet uygulayarak çok kötülük
yapmışlardır.

7- Habeşistan'a ilk hicret .... yılında, ikinci hicret de .... yılında yapıldı.

8- Habeşistan kralı .... Müslümanlara sahip çıktı.

9- Müşrikler, kaç yıl Müslümanları muhasara altına aldılar?

☐ a- 6   ☐ b- 3   ☐ c- 4   ☐ d- 2

3. KISIM

- Ebû Tâlib ve Hz. Hatice'nin Vefatları
- Peygamberimiz'in Taif Yolculuğu
- Akabe Biatları
- İsrâ ve Mi'rac Olayı
- Hicret
- Kubâ Mescidi ve İlk Cuma Namazı

Ebû Tâlib ve Hz. Hatice'nin Vefatları

Müslümanlar üç yıl süren korkunç boykottan kurtularak sevinmişlerdi. Fakat bu sevinçleri pek uzun sürmedi. İki büyük acı, Peygamberimiz'i de, Müslümanları da çok üzdü. Sekiz ay geçmeden Peygamberimiz'in amcası Ebû Tâlib ve eşi Hz. Hatice vefat etmişlerdi. (619 Yılı)

Ebû Tâlib seksen yaşında, Hz. Hatice ise altmışbeş yaşlarında bulunuyordu. İkisi de Resûl-i Ekrem'e son derecede yardım ve destekte bulunmuşlardı.

Ebû Tâlib ve Hz. Hatice'nin ölümü, Mekke devrinin onuncu yılına rasladığı için, İslâm tarihinde bu onuncu yıla, "Senetü'l-Hüzün" (Hüzün Yılı) denildi.

Peygamberimiz'in Taif Yolculuğu

Kureyş'in kötülükleri artık çekilmez hâle gelmişti. Peygamberimiz, Hz. Hatice ve Ebû Tâlib'in ölümünden sonra 620 yılında Taif'e gitti. Peygamberimiz, Taif'te on gün kaldı. Yanında evlatlığı "Zeyd" de vardı.

Peygamberimiz, Taiflileri Allah'ın birliğine davet etti. Onları puta tapıcılıktan kurtarmak istedi. Fakat Taifliler önce Peygamberimiz'i alaya aldılar. Sonra hakarete başladılar. Hatta onu taş yağmuruna tuttular. Resûl-i Ekrem'in ayakları kan içinde kaldı. Hz. Zeyd de yaralandı.

Taiflilerden gördüğü bu kötü muamele Peygamberimiz'i çok üzmüştü. Fakat kimseye beddua etmedi. Bu şekilde peygamberliğinin delillerinden birini daha göstermiş oldu.

Sırası karışmış harfleri doğru şekilde sıralarsak cevabı bulmuş oluruz.

Peygamber Efendimiz'in amcasının ve eşinin vefat ettiği yıla ne denir?

Ü H Z N Ü   I Y I L   ☐☐☐☐☐   ☐☐☐☐

Peygamber Efendimiz'in bu yılda vefat eden amcasının adı nedir?

B Û E   İ B Â L T   ☐☐☐   ☐☐☐☐☐

Peygamber Efendimiz'in bu yılda vefat eden eşinin adı nedir?

Z . H   C İ H E T A   ☐☐.   ☐☐☐☐☐☐

Sarı kutularda mavi kutuda bulunmayan bir harf var. Bu harfleri bulduğunuzda bakalım karşınıza nerenin ismi çıkacak.

A

E	F	G
Z	H	P
B	M	U

B	E	Z
U	Y	G
M	P	H

B

H	G	Z
P	E	T
M	U	Y

C

Z	Y	M
G	P	H
P	A	U

| B | C | D | A |
| | | | |

D

Z	E	B
İ	G	Y
M	H	P

Mi'rac Mucizesi

İsra ve Mi'rac Olayı

Peygamberimiz hayatının en sıkıntılı devresindeydi. Fakat Allah'a olan bağlılığı asla sarsılmıyordu.

Böyle bir ortamda "Mi'rac" hadisesi meydana geldi. Hicretten bir buçuk yıl önce Recep ayının 27. gecesi Resûlullah (s.a.v.) Mescid-i Harâm'dan Mescid-i Aksâ'ya götürüldü. Oradan da Allah'ın dilediği en yüce makamlara yükseltildi.

Gökler gezdirilip çeşitli mucizeler gösterildi. O, mi'raçta diğer peygamberlerle bir araya geldi. Sonra tekrar ilk alındığı yere getirildi.

Bu olay, Allah'ın peygamberine verdiği güzel bir hediye, gönül alma ve onu mutlu kılmaktı. Bu gece beş vakit namaz farz kılındı.

Akabe Biatları

I. Akabe Biatı (621 Yılı):

Peygamberimiz, İslâm'a davet için Mekke dışına çıkmıştı. Mekke'nin kuzeyinde Akabe denilen bir tepede Medinelilerden altı kişilik bir topluluğa rastladı. Onlarla görüştü. Medinelilere Kur'an'dan âyetler okudu. İslâm dinini anlattı. Onları İslâm'a davet etti. Medineliler bu daveti hemen kabul ettiler ve Müslüman oldular.

Bir yıl sonra hac mevsiminde, Peygamberimiz, Medineli oniki kişi ile Akabe'de görüştü. Bu heyetin reisi Es'ad b. Zürâre idi.

Bunlardan beşi, bir yıl önce Akabe'de Peygamberimiz'le görüşen Müslümanlardandı. Bu görüşmede aynı zamanda Peygamberimiz'e "biat" edildi. Medineliler Resûl-i Ekrem'in elini sıkmak suretiyle ilk Akabe biatını yaptılar. Bu olaya "Birinci Akabe Biatı" adı verilir. Medineliler, "Akabe Biatı"ndan sonra, memleketlerine döndüler. Öğretmen olarak "Mus'ab b. Umeyr'i" beraberlerinde götürdüler.

Medineliler, bu ilk Akabe Biatı'nda Peygamberimiz'e;

1 - Allah'a ortak koşmayacaklarına,
2- Hırsızlık yapmayacaklarına,
3- Zinaya yaklaşmayacaklarına,
4- Kız çocuklarını öldürmeyeceklerine,
5- Kimseye iftira etmeyeceklerine,
6- Allah'a ve peygamberine karşı itaatten ayrılmayacaklarına dair söz verdiler.

II. Akabe Biatı (622 Yılı):

Birinci Akabe Biatı'ndan bir sene sonra yine hac mevsimi idi. Akabe mevkiinde, Medineliler, Peygamberimiz'le bir görüşme daha yaptılar. Bu görüşmede Medineliler, Peygamberimiz'i Medine'ye davet ettiler.

Burada bulunan 75 Medineli Müslüman Peygamberimiz'e biat etti. Bu görüşmede yapılan biata da, "İkinci Akabe Biatı" denir.

Medineliler, bu ikinci Akabe Biatı'nda Peygamberimiz'e;

1 - O'nu koruyacaklarına
2- O'na her şartta itaat edeceklerine
3- Her türlü kötülüğe engel olacaklarına söz verdiler.

SORULAR

1- .... ile ....'nin vefat yılına ....
yılı denir

2- Peygamberimiz .... yılında ....'e gitti. Orada on gün kaldı. Yanında
evlatlığı .... de vardı.

3- Peygamberimiz'i kimler taşladı?

☐ a- Mekkeliler ☐ c- Medineliler

☐ b- Taifliler ☐ d- Suriyeliler

4- Peygamberimiz'in Mescid-i Harâm'dan Mescid-i Aksâ'ya götürülmesine ....
denir. Oradan da yüce makamlara ulaştırılmasına .... denir.

7- Birinci Akabe Biatı'na .... Müslüman, İkinci Akabe Biatı'na da .... Müslüman
katıldı.

8- Hangisi Birinci Akabe Biatı'nda öğretmen olarak Medine'ye gönderildi?

☐ a - Hz. Ömer ☐ c - Hz. Ebû Bekir

☐ b - Hz. Mus'ab bin Umeyr ☐ d - Hz. Ali

9- İkinci Akabe Biatı'nda Medineliler Peygamberimiz'e, onu ....,
ona .... edeceklerine ve her türlü .... engel
olacaklarına dair söz verdiler.

HİCRET

Yıl milâdî 622 idi. Mekke'de her geçen gün Müslümanlara yapılan işkenceler artıyordu. Hayat çekilmez olmuştu, Peygamberimiz bu duruma çok üzülüyordu. Hep sabrı tavsiye ediyor, Allah'tan gelecek emri bekliyordu.

Müşrikler toplanarak, Peygamberimiz'i öldürme kararı aldılar. Allah Teâlâ da Peygamberimiz'in hicret etmesine izin verdi. (Enfâl sûresi, 30. âyet) Resûlullah (s.a.v.) bu haberi alınca Hz. Ebû Bekir'e iletti.

Zulme uğrayan bütün Müslümanlar aldıkları talimattan sonra hazırlanıyor, küçük küçük gruplar halinde; gün ortasında, seher vaktinde, gecenin karanlığında Mekke'yi terkediyorlardı. Neredeyse Hz. Ali, Hz. Ebû Bekir ve Peygamberimiz'den başka kimse kalmamıştı. En son olarak, Peygamber Efendimiz, Hz. Ebû Bekir'i de yanına alarak hicret için hazırlıklara başladı. Akşam olunca Hz. Peygamber, müşriklerin yatakta kendisinin yattığını sanmaları için Hz. Ali'yi kendi yatağına yatırdı.

Ayrıca yanında bulunan emânetleri de sahiplerine vermesi için Hz. Ali'ye teslim etti. Sonra da Yâsîn sûresini okuyarak evden çıkıp Sevr dağı'na doğru ilerledi. Mekke-den biraz uzakta bulunan Sevr dağı'na ulaşan Peygamberimiz ve arkadaşı orada saklandılar.

Müşrikler, Peygamberimiz'in saklandığı mağaranın yanına kadar geldiler. Fakat mağaranın ağzına, örümcek ağ örmüş ve güvercinler de yuva yapmıştı. Bunun için içeriye bakmadılar. Müşrikler, Peygamberimiz ve Hz. Ebû Bekir'in Medine'ye ulaştığını zannedip geri döndüler.

Kubâ Mescidi ve İlk Cuma Namazı

Peygamberimiz'le Hz. Ebû Bekir, Sevr mağarasında üç gün saklandılar. Oradan ayrılarak Medine yolunu tuttular. Medine yakınlarında Kubâ'da konakladılar. 10 gün süren bu konaklama esnasında Kubâ Mescidi'ni yaptılar.

Peygamberimiz bu mescidin yapımında bizzat çalıştı. Kur'ân-ı Kerîm'de "İlk günlerden beri temelleri takvâ üzerine kurulan mescid" diye bahsedilen mescid, Kubâ Mescidi'dir.

Daha sonra Medine'ye doğru yola çıktılar. Yolda Salim Oğullarına ait "Ranûna vadisi"ne varıldı. Vadiye girildiğinde cuma namazı vakti girmişti. Peygamberimiz orada, (bugünkü Mescid-i Cuma'nın olduğu yerdir) yaklaşık 100 kişilik bir cemaata Cuma namazı kıldırdı. Bu namaz, Peygamberimiz'in kıldırdığı ilk Cuma namazı'dır. Cuma namazı'nda, Peygamber Efendimiz peş peşe iki hutbe okudu.

Cuma namazı kılındıktan sonra Peygamberimiz, coşkun bir merasimle Medine'ye girdi. Medine'ye girişi dünya tarihinde eşsiz değişimi müjdeleyen bir olaydı. Peygamberimiz, devesi üzerinde âhenk içerisinde Medine'ye yaklaşırken, kadın ve çocuklar Resûlullah (s.a.v.)'i kasideler söyleyerek karşılıyorlardı. Herkes sevinçli ve mutluydu. Bekledikleri o mübârek Peygamber geliyordu.

Enes bin Mâlik (r.a.) o günü şöyle anlatıyor: "Resûlullah'ın Medine-i Münevvere'ye girdiği günden daha güzel ve neşeli bir gün görmedim."

Kubâ Mescidi

Peygamber Efendimiz'in Okuduğu İlk Cuma Hutbesi

"Ey insanlar!

Kendiniz için âhiret azığı hazırlayınız ve onu kendinizden önce gönderiniz!

Elbette bilirsiniz ki, ölecek ve dünyada her şeyinizi geride bırakacaksınız!

Sonra âlemlerin Rabbi, arada bir tercüman ve perde bulunmaksızın sizden herbirinize:

"Sana benim resulüm gelip, emirlerimi tebliğ etmedi mi?

Ben sana mal verdim, ihsanda bulundum. Sen, bu nimetlerden, kendine âhiret payı ayırdın mı?" diyecek.

O da, sağına soluna bakacak, hiçbir şey görmeyecek.

Sonra, önüne bakacak, orada da cehennemden başkasını görmeyecek!

Öyle ise, yarım hurma ile de olsa, cehennemden kendisini korumaya gücü yeten hemen o hayrı işlesin.

Onu bulamayan da güzel bir sözle kendisini korumaya çalışsın.

Çünkü bir iyiliğe, on mislinden yediyüz misline kadar sevap verilir.

Selâm size, Allah'ın rahmet ve bereketi üzerinize olsun!"

Peygamberimiz İkinci Hutbesinde Şöyle Buyurdu:

"Allah'a hamd olsun. Allah'a hamd ederim ve O'ndan yardım dilerim. Nefislerimizin şerlerinden ve kötü amellerinden Allah'a sığınırız.

Allah'ın doğru yola ilettiğini hiç kimse saptıramaz! Saptırdığını da hiç kimse doğru yola iletemez! Şehâdet ederim ki, Allah'tan başka ilâh yoktur. O, birdir, O'nun ortağı yoktur.

Sözlerin en güzeli, yüce Allah'ın kitabıdır. Allah kimin kalbini Kur'an'la süsler ve onu küfürden sonra İslâmiyet'e sokar; o da Kur'an'ı, insanların sözlerine tercih ederse, işte o kimse kurtuluşa ermiştir. Doğrusu, Kitâbullah, sözlerin en güzeli ve beliğidir.

Allah'ın sevdiğini seviniz! Allah'ı bütün kalbinizle seviniz! Allah'ın kelâmından ve zikrinden usanmayınız! Allah'ın kelâmına karşı kalbiniz katı kalmasın. Çünkü, o, Allah'ın yarattığı her şeyin üstününü ayırıp seçer. Amellerin hayırlısını, kulların seçkinlerini (peygamberleri), kıssaların iyisini zikreder. Helal ve haram olan her şeyi beyan eder.

Artık Allah'a ibâdet ediniz ve O'na hiçbir şeyi ortak koşmayınız! O'ndan gereği gibi sakınınız! Dilinizle Allah'a verdiğiniz güzel sözleri tutunuz! Allah'ın ihsan ettiği rahmetle birbirinizi seviniz! Muhakkak biliniz ki, Allah ahdinin bozulmasına gazab eder.

Selâm size! Allah'ın rahmet ve bereketi üzerinize olsun."

NELER ÖĞRENDİK?

1 - Peygamberimiz'e, 610 yılında Nur dağında ilk vahiy geldi. Peygamberimiz bu sırada 40 yaşında idi.

2- İlk vahiy, Ramazan'ın 27. gecesi Cebrâil (a.s.) tarafından getirildi. İlk vahiy Alak sûresinin ilk beş âyeti idi.

3- İlk vahiy gelince Hz. Hatice, Peygamberimiz'i amcasının oğlu Varaka'ya götürdü. Varaka, onun son peygamber olduğunu söyledi.

4- Hz. Hatice, Hz. Ebû Bekir, Hz. Ali ve Hz. Zeyd ilk dört Müslümandır.

5- Mekke müşrikleri Müslümanlara çeşitli işkenceler yapıyorlardı. Müslümanlara şu kötülükleri yaptılar:

- Alay ettiler
- Hakaret ettiler
- İşkence ettiler
- Her türlü alış-verişi kestiler
- Şiddet uyguladılar

6- Müşriklerin kötülüklerine dayanamayan Müslümanlar iki ayrı kafile halinde Habeşistan'a hicret ettiler.

7- Mekeli müşrikler, Müslümanları 3 yıl muhasara altında tuttular.

8- 619 yılında Peygamberimiz'in amcası Ebû Tâlib ile Hz. Hatice vefat etti. Peygamberimiz çok üzüldü. Bu yüzden bu seneye "Hüzün Yılı" denir.

9- Peygamberimiz, 620 yılında evlatlığı Zeyd ile Taif şehrine gitti. Onları hak dine davet etti. Ama onlar, hakaret ederek Peygamberimiz'i taşladılar. Peygamberimiz'in ayakları kan içinde kaldı.

NELER ÖĞRENDİK?

1 0- Peygamberimiz, Taif'ten döndükten sonra Mi'rac olayı meydana geldi.

11 - Peygamberimiz 621 yılında Birinci Akabe Biatı'nı, 622 yılında da İkinci Akabe Biatı'nı gerçekleştirdi.

1 2- Peygamberimiz;

- 622 yılında Hz. Ebû Bekir ile Medine'ye hicret etti. Hicret esnasında Sevr mağarasında üç gün saklandılar.
- Müşrikler, mağaranın yanına kadar geldikleri halde onları göremedi. Çünkü Allah onları koruyordu.
- Hicret esnasında "Kubâ Mescidi"ni yaptırdı.
- Ranûna vadisinde 1 00 kişilik cemaate ilk Cuma namazını kıldırdı.
- Coşkulu bir merasimle Medine'ye girdi.

NELER ÖĞRENDİK?

1 -

SORULAR

Aşağıdaki boşlukları uygun şekilde doldurunuz.

1 - Peygamberimiz hicret edeceği gece yatağına Hz. ....'yi yatırdı.

2- .... sûresini okuyarak evden çıktı ve .... dağına doğru gitti.

3- Müşrikler Peygamberimiz'in saklandığı mağaranın önüne kadar geldi. Fakat mağaranın ağzına örümcek .... örmüş ve .... de yuva yapmıştı.

4- Peygamberimiz ile Hz. Ebû Bekir Mekke'den ayrıldıktan sonra, Medine yakınlarında bulunan ....'da konakladılar.

5- 10 gün süren konaklama esnasında, mescid inşa ettiler. Kur'ân-ı Kerîm'de bu mescid ile ilgili; "İlk günlerden beri temelleri ....üzerine kurulan mescid" diye bahsedilen mescid .... Mescidi'dir.

6- Peygamberimiz .... vadisinde yaklaşık 100 kişilik bir cemaata Cuma namazı kıldırdı. Bu namaz, Peygamberimiz'in kıldırdığı .... Cuma namazıdır.

7- Peygamberimiz bu Cuma hutbesi'nde "Öyle ise, yarım .... ile de olsa, cehennemden kendisini korumaya gücü yeten hemen o hayrı işlesin. Onu bulamayan da güzel bir .... kendisini korumaya çalışsın. Çünkü bir iyiliğe on mislinden .... misline kadar sevap vardır." buyurmuştur.

8- Peygamberimiz Medine'ye yaklaşırken herkes sevinçli ve mutluydu. Kadın ve çocuklar........................... söylüyorlardı.

MEDİNE DÖNEMİ

I. KISIM

- Mescid-i Nebevî
- Ashâb-ı Suffa
- Muhacir ve Ensar Arasındaki Kardeşlik
- Ezanın Açıklanması

Mescid-i Nebevî

Resûlullah (s.a.v.)'in hicretiyle, Medine yeni bir devreye girmiş oldu. Mekkeli Müslümanlar evlerini, mallarını, servetlerini Mekke'de bırakarak Medine'ye göç etmişlerdi. İslâm'ı yayabilmek için, Medineli Müslümanlara sığınarak "Muhacir" olmuşlardı.

Medine'deki Evs ve Hazrec kabileleri de muhacirlere kucak açtılar. Onlara her türlü yardımı yaptılar. Bu sebepten dolayı, İslâm tarihinde yardımcılar mânasına gelen "Ensar" adını aldılar. Resûlullah (s.a.v.), Medine'ye gelir gelmez Ebû Eyyûb el-Ensârî'nin evine misafir oldu ve orada yedi ay kaldı. İlk işi bir mescid yapmak oldu.

Resûlullah (s.a.v.) parasını ödeyerek bir arsa aldı. Sonra orada bir mescid yapıldı. Resûlullah (s.a.v.) mescidin yapımında kendisi de çalıştı. Kerpiç taşır, Müslümanlar da durmadan ona yardım ederdi. Müslümanlar sevinç ve mutlulukla şiir söylüyorlar ve Allah'a hamdediyorlardı. Peygamberimiz de şöyle diyordu:

"Yâ Rab! Hayat, ancak âhiret hayatı! muhaciri ve ensarı rahmetinle affet!"

Resûlullah (s.a.v.), mescid ve mescidin yanında kendi kalacağı yer yapılıncaya kadar Ebû Eyyûb'un evinde yedi ay kaldı. Mescidin yapımı da yedi ay sürdü. Bu mescide "Mescid-i Nebevî" (Peygamber Mescidi) denir.

Ashâb-ı Suffe

Mescid'in avlusunun, bir köşesinde bitişik bir sofa (suffe) yapıldı. Bu sofa hurma dallarından bir gölgelik idi. Ashâptan evi, ailesi bulunmayan fakirler, burada kalıyordu. Bunlara "Suffe Ashâbı" denildi.

Bunlar çok fakirdi. Sayıları önceleri az olmakla beraber, sonraları 400 kadar olmuştu. Resûlullah (s.a.v.), toplanan sadakaları, Suffe ashâbına dağıtırdı. Bunlar Peygamberimiz'in yanından ayrılmazlardı.

Burası İslâm'ın ilk üniversitesidir. Dershaneleri Mescid-i Nebevî; yatakhaneleri Suffe, öğretmenleri ise Peygamberimiz'di. Bu talebeler hayatlarını dine ve ilme vermişlerdi. Peygamberimiz herhangi bir yere öğretmen göndermek istediği zaman Suffe ashâbından gönderirdi.

Mescid-i Nebevî, yalnız ibâdet evi değil, bir toplantı yeri, bir dershane idi. Zamanın, yönetim ve kültür merkezi görevini üslenmişti.

Muhacir ve Ensar Arasında Kardeşlik

Resûlullah (s.a.v.), muhacirlerle ensar arasında kardeşlik oluşturdu. Ensar, muhacirlerle kardeş olmak için birbirleriyle yarışıyordu. Evlerine götürdükleri muhacir kardeşlerini mallarına ortak ediyorlardı.

Bu din kardeşliği öz kardeşlikten daha kuvvetli idi. Muhacirlerle ensar arasındaki bu kardeşlik, gelecekte daha da genişleyerek bütün dünyaya yayılacak olan, İslâm kardeşliğinin temeli oldu.

Ezanın Açıklanması

Resûlullah (s.a.v.), Medine'ye yerleştikten sonra İslâmî konularda bazı esaslar tesbit etti. Müslümanlar namaz için vakit geldiğinde kimi erken gelir, kimi geç kalırdı. Bazıları namaza yetişemezlerdi.

Birgün bunu belirlemek için toplandıklarında çeşitli fikirler ileri sürüldü.
Namaz vakitlerini bildirmek için:
- Çan çalınması teklif edildi. Peygamberimiz: "O, Hristiyanlara aittir." buyurdu. Kabul edilmedi.
- "Boru çalınması" teklif edildi. Hz Peygamber: "O, Yahudilere aittir." dedi.
- "Yüksek bir yerde ateş yaksak?" denildi. Peygamberimiz: O, mecûsîlerin (ateşe tapanların) işaretidir." buyurdu.
- "Namaz vakti bayrak dikelim!" diyenler de oldu. Bu da beğenilmedi.
Toplantı, hiçbir şeye karar verilmeden dağıldı.

Ensardan "Abdullah b. Zeyd" bir rüya gördü. Hemen rüyasını Peygamberimiz'e haber verdi. O zaman Allah Resûlü: "İnşallah hak rüyadır. Gördüğünü Bilâl'e öğret. Ezanı okusun." buyurdu. Hz. Bilâl öğretilen ezanı yüksek bir yerde okudu. Hz. Ömer de aynı rüyayı görmüş, Peygamberimiz'e bildirmişti. Ayrıca o sırada ezanla ilgili ilâhî vahiy de gelmişti.

Ezan-ı Muhammedî, vacip derecesinde kuvvetli bir sünnettir.

Kıblenin Değişmesi

Hicretin ikinci yılında, Peygamberimiz "Seleme oğulları" yurduna gitmişti. Oranın mescidinde Öğle namazını Kudüs'e doğru kıldırıyordu. Birinci ve ikinci rekat kılınmıştı. Namaz içinde kıblenin değişmesi hakkında ilâhî vahiy geldi.

Kudüs'teki Mescid-i Aksâ'dan Mekke'deki Mescid-i Harâm'a doğru dönülmesi emrolundu. Resûl-i Ekrem, derhal yüzünü Kudüs'ten Kâbe'ye doğru çevirdi. Cemaat de saflarıyla beraber döndüler. Namazın üçüncü ve dördüncü rekatlarını Mescid-i Harâm'a doğru dönerek kılıp tamamladılar. Bu sebepten bu mescide iki kıbleli mescid mânasına gelen "Mescid-i Kıbleteyn" denildi.

Kıblenin değişmesi Müslümanların kalplerinde, Mekkeli müşriklere karşı üstün gelmek arzusunu da kuvvetlendirdi.

Aynı zamanda, Ehl-i Kitab'ın kıblesi ile Müslümanlar arasında "kıble birliği" de bozulmuş oldu.

NELER ÖĞRENDİK?

1 - Mekkeli Müslümanlar, evlerini, mallarını, servetlerini Mekke'de bırakarak "Muhacir" olmuşlardı.

2- Medineli Müslümanlar da, muhacirlere kucak açarak "Ensar" adını aldılar.

3- Peygambrimiz, Medine'de Ebû Eyyûb el-Ensârî'nin evinde 7 ay misafir kaldı.

4- Peygamberimiz, Medine'de bir arsa alarak üzerine "Mescid-i Nebevî"yi yaptırdı. Mescidin yapımında kendisi de bizzat çalıştı.

5- Mescîd-i Nebî'ye bitişik olarak yapılan gölgelikte ailesi olmayan fakir sahabeler kalıyordu. Bunlara, "Suffe Ashâbı" denir.

6- Suffe, İslâm'ın ilk üniversitesidir.

7- Peygamberimiz, hicretten sonra muhacirlerle ensarı kardeş yaptı.

8- Ensar'dan Abdullah b. Zeyd, ezanla ilgili bir rüya gördü ve Peygamberimiz'e anlattı.

9- Peygamberimiz Abdullah b. Zeyd'e "Gördüğünü Bilâl'e öğret. Ezanı okusun" dedi. Hz. Bilâl, öğretilen ezanı yüksek bir yerde okudu.

10- Hicretin 2. yılında Peygamberimiz, Kudüs'teki Mescid-i Aksâ'ya doğru öğle namazını kıldırırken ilâhî vahiyle Mescid-i Harâm'a doğru dönülmesi emri geldi.

11 - Kıblenin değişmesi emrinin geldiği mescide "Mescid-i Kıbleteyn" denildi.

NELER ÖĞRENDİK?

1 -

SORULAR

1- Mekke'den Medine'ye hicret eden Müslümanlara .... denir.

2- Mekke'ye hicret eden Müslümanlara yardım edenlere .... denir.

3- Peygamberimiz Medine'de kimin evinde misafir kaldı?

a- Hz. Ali   c- Hz. Mus'ab b. Umeyr

b- Hz. Ömer   d- Hz. Ebû Eyyûb el-Ensârî

4- Müslümanlara, Medine'deki .... ve .... kabileleri kucak açmıştı.

5- Evi ve ailesi olmayan ashâbın yattığı ve eğitim aldığı yere .... denir. Burası İslâm'ın ilk ....dir. Burada eğitim alan kişilerin dershaneleri Mescid-i ...., öğretmenleri ....dir.

6- Mescid-i Nebevî'nin yapımı kaç ay sürmüştür?

a- 7 ay   b- 4 ay   c- 9 ay   d- 11 ay

7- Muhacirlerle ensar arasındaki kardeşlik İslâm kardeşliğinin temeli olmuştur.

a- Doğru   b- Yanlış

8- Ezanla ilgili rüyayı gören sahâbe kimdir?

a- Hz. Ali   b- Abdullah b. Zeyd   c- Mus'ab b. Umeyr   d- Ammâr b. Yâsir

9- Namaz vakitlerini bildirmek için çan çalınması teklif edildi. Peygamberimiz: "O, Hristiyanlara aittir." buyurdu. Kabul edilmedi.

a- Doğru   b- Yanlış

10- Kıble değişmeden önce Peygamberimiz namazları .... 'ya, kıble değiştikten sonra .... doğru dönerek kılmıştır.

2. KISIM

- Hz. Peygamber'in Savaşları
- Bedir Savaşı
- Uhud Savaşı
- Hendek Gazası
- Hudeybiye Barışı
- Mekke'nin Fethi

Hz. Peygamber'in Savaşları

Peygamberimiz, Medine devrinde, Müslümanlara yönelik yapılan saldırılara karşı koymak üzere çeşitli savaşlar da yapmıştı.

Bu savaşlardan bir kısmına bizzat katılarak komuta etmiştir. Bir kısmına ise katılmamış, ancak bu savaşların komutanlarını tayin etmiştir.

Hz. Peygamber'in başında bulunduğu ve bizzat idare ettiği savaşlara "Gazve"; başında bulunmadığı askerî hareketlere de "Seriyye" denir.

Gazvelerin sayısı 27, seriyyelerin ise 47 olarak rivayet edilir. Müslümanların, Mekkeli müşriklerle olan münasebetleri iki devir geçirdi.

1 - Sulh Devri
2- Harp Devri

Sulh devrinde Müslümanlar, Kureyşlilerin bütün kötülüklerini sabırla karşılamışlardı. Harp dönemi hicretin ikinci yılında savaşa izin verilmesiyle başladı.

Bedir Savaşı (624 Yılı)

Bedir gazvesi, Peygamberimiz'in ordusunun, Mekkeli müşriklerle yaptığı ilk savaştı. Müşriklerin ileri gelenleri, Mekkelileri, Medine üzerine harekete geçirebilmek için bahane arıyorlardı.

Peygamberimiz, keşif kolları vasıtasıyla, Kureyş'in bütün hazırlıklarını öğrendi.

Hicretin 2. yılında (12 Ramazan) İslâm ordusu 305 kişi ile Medine'den çıktı. 2 tanesi atlı, 70 tanesi develi idi. Askerî yürüyüş Ramazan ayına rastladığı için, Medine dışına çıkılınca Peygamberimiz, askerlerin oruçlarını bozmalarını emretti.

İslâm âleminin ilk ordusu, işte bu 305 kişilik askeri birlik olan Bedir kahramanları idi. Kureyş ordusu 950 kişiydi. Bunların 100'ü atlı, 700'ü develi idi. Çoğu zırhlıydı. Ebû Cehil, Kureyş ordusunun komutanı idi. İki ordu bir cuma günü, Bedir'de karşılaştı.

Müslümanlar, Allah'ın yardımıyla Kureyş ordusunu müthiş bir bozguna uğrattılar. Müşriklerden 70 esir, 70 ölü vardı. Ölenlerin arasında Ebû Cehil'de bulunmaktaydı. Müslümanlar 14 şehit vermişlerdi. Bedir Gazvesi, İslâm ordusunun ilk ve önemli bir parlak zaferiydi.

Elde edilen ganimetlerde eşit bir şekilde gazilere paylaştırıldı. Esirlerin bir kısmı para karşılığı serbest bırakıldı. Diğerleri de Müslümanların çocuklarına okuma-yazma öğretmeleri şartıyla serbest kalacaklardı.

Uhud Savaşı (625 Yılı)

Bedir Savaşı gibi Uhud Harbi de Müslümanlar için bir müdafaa savaşıdır. Medine'yi düşmandan koruma muharebesidir. Müşrikler, Bedir'de yenilmelerinin öcünü almak için fırsat kolluyorlardı. 625 yılının Şevval ayında, Müslümanlara tekrar saldırdılar. Medine yakınlarındaki Uhud dağı eteğinde karşılaşıldı. Hz. Peygamber savaş planını yaptı. Her yere görevliler yerleştirildi. Müslüman ordusu 700 kişi idi. Bunlardan 100'ü zırhlı 2'si atlı idi. Düşman kuvvetleri 3000 kişilik bir orduya sahipti. Bu ordu 700 zırhlı ve 200 atlı idi. 3.000 de develeri vardı. Ordunun başına da Ebû Süfyân geçerek başkumandan oldu. Peygamberimiz, Ayneyn geçidine 50 kadar okçu yerleştirdi.

Başlarına, Cübeyr oğlu Abdullah adında bir kumandanı tayin etti. Peygamberimiz, bu okçulara, yerlerini hangi sebepten olursa olsun terketmemeleri için gerekli emri verdi. İki ordu karşılaşmış ve savaş başlamıştı. Geçitteki okçu Müslümanlar, galip geldiklerini sanarak, ganimet toplama arzusuyla görev yerlerini izinsiz terk ettiler. Savaş bir anda tersine döndü. Müslümanlar yenilmeye başladı. Ancak Allah'ın yardımı ve müminlerin gayretleri sonucu, müdafaa durumuna geçtiler. Savaşın net bir galibi olmadı.

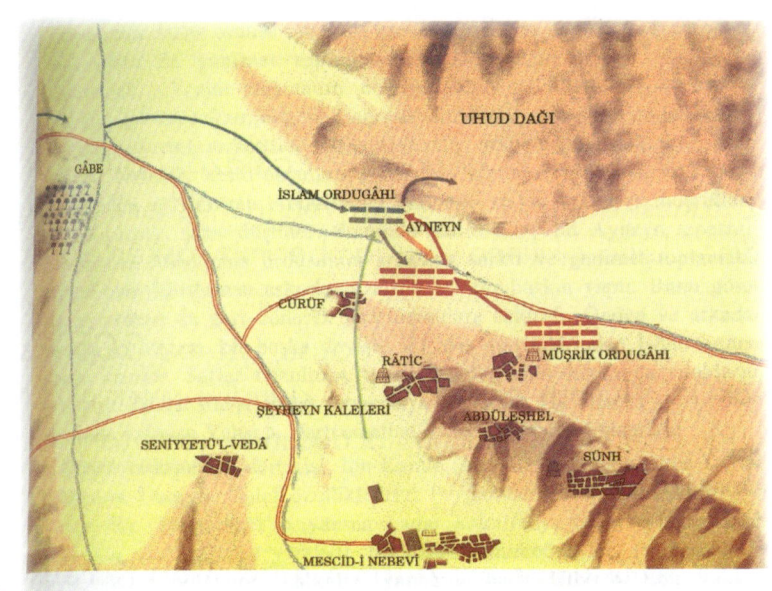

Uhud Savaşı

Müşrikler elde ettikleri üstünlüğü koruyamadılar. 22 ölü vererek esir dâhi alamadan çekilip gittiler. Müslümanlar ise 70 şehit verdiler. Şehitler arasında Peygamberimiz'in çok sevdiği amcası Hz. Hamza da bulunuyordu. Hz. Peygamber çok tehlikeli anlar geçirdi. Uzaktan atılan bir taşla mübârek dişi kırıldı.

Bu savaş, bazı Müslümanların, Hz. Peygamber'in sözünü dinlememeleri sonucunda, nasıl sıkıntıya düştüklerini belgeleme açısından bir ibret tablosudur.

SORULAR

1 - Peygamberimiz'in katıldığı savaşlara ne ad verilir?   a- Seriyye   b- Gazve

2- Peygamberimiz'in katıldığı gazvelerin sayısı .... , seriyyelerin sayısı .... dir.

3- Bedir Savaşında Müslüman askerlerin sayısı ne kadardı?

      a- 700 kişi   b- 350 kişi   c- 1.000 kişi   d- 305 kişi

4- Bedir Savaşında Müslümanlardan kaç kişi şehit oldu?

      a- 14   b- 70   c- 24   d- 34

5- Bedir Savaşında alınan esirlerin bir kısmı .... karşılığı bırakıldı. Bir kısmı ise Müslüman çocuklarına ....-........................ öğretme karşılığı serbest kalacaklardı.

6- Uhud savaşı hangi yılda oldu?

      a- 624   b- 625   c- 627   d- 614

7- Peygamberimiz, ... geçidine .... okçu yerleştirdi. Başlarına, Cübeyr oğlu Abdullah adında bir kumandanı tayin etti.

8- Uhud Savaşında, Peygamberimiz'in sözünü dinlemeyen .... dolayısı ile Müslümanlar sıkıntılı bir duruma düştüler.

9- Uhud Savaşında Müslümanlar .... şehit verdiler. Şehitler arasında Peygamberimiz'in çok sevdiği amcası .... da bulunuyordu.

Hendek Savaşı (627 Yılı)

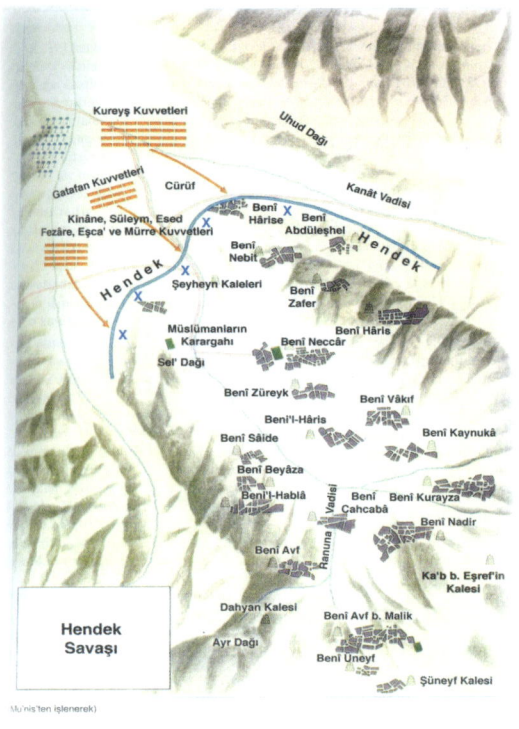

Hendek Savaşı

(Mu'nis'ten işlenerek)

Mekkeli müşriklerin, Müslümanlara karşı açtıkları en korkunç savaştı. Bu savaşta, İranlı Selmân-ı Fârisî'-nin teklifi üzerine Medine'nin etrafına hendek kazma fikri uygulandı. Peygamberimiz hendek kazımında bizzat çalıştı ve ashâbına öncü oldu. Kazılan hendeğin genişliği 9 m, derinliği 4,5 m ve uzunluğu 5.500 m idi.

627 yılının Şubat ayındaki bu savaşta 10.000 düşman askeri karşısında, Müslüman askerlerinin sayısı 3.000'i geçmiyordu. Hendek Harbi'nde müşriklerden 4 kişi ölmüş, Müslümanlar da 5 şehid vermişti. Hendek Gazvesi'nin iyi bir şekilde bitmesi müşriklerin hem gururunu, hem de saldırı gücünü kırmıştı. Bu gazve, bundan sonra, Müslümanların ön plana çıkmasına vesile oldu.

Hudeybiye Antlaşması (628 Yılı)

Hudeybiye Antlaşması 628 tarihinde, Mekke yakınlarındaki Hudeybiye denilen yerde Müslümanlarla, Mekke müşrikleri arasında yapıldı. Bu antlaşma İslâm tarihi açısından çok önemlidir.

Tarihte, Müslümanların ilk olarak yapmış oldukları barış antlaşması "Hudeybiye Antlaşması"dır. Müslümanlar aleyhine maddeleri olan bu antlaşma bütün zorlamalara rağmen imzalandı. Çünkü bu antlaşma, gelecekte Müslümanlara büyük faydalar sağlayacaktı.

Anlaşma maddelerinden bazıları...

- Anlaşma 10 yıl sürecek, iki taraf birbirine saldırmayacak ve birbirleriyle savaşmayacaklardır.
- Bu yıl Müslümanlar Kâbe'yi ziyaret edemeyecek, ancak bir sene sonra ziyaret edebileceklerdir. Fakat Kâbe ziyaretinde üç günden fazla kalamayacaklardır.
- Kureyşlilerden biri velisinin izni olmadan Medine'ye sığınırsa Müslüman bile olsa geri verilecek, eğer Medineli Müslüman Mekke tarafına geçecek olursa, geri verilmeyecektir.

Mekke'nin Fethi (630 Yılı)

Tevhid İnancı ve Kâbe

İslâm dininin temeli "Tevhid (Tek Allah) İnancı" idi. Tevhid inancının en büyük sembolü de Kâbe idi. Kâbe, Hz. İbrâhîm tarafından Mekke'de yapılmış bulunuyordu. Fakat bu bina sonraları, içi ve dışı 360 tane putla doldurulmuştu. Kâbe'yi putlardan temizlemek ve puta tapıcılığı ortadan kaldırmak, Peygamber Efendimiz için ilk ilâhî görev idi.

Mekke Fethi İçin Yapılan Hazırlıklar

Mekke müşrikleri Hudeybiye Antlaşması'nı bozmuşlardı. Peygamberimiz gerekli istişarelerden sonra Mekke'nin fethine karar verdi ve hemen hazırlıklara başladı.

Peygamberimiz, hicretin sekizinci yılının Ramazan ayında (1 Ocak 630), 10.000 kişilik muazzam bir kuvvetle Medine'den çıktı. Mekke'ye doğru yol alırken, dost kabilelerden bazılarının da katılması suretiyle, ordunun sayısı 12.000'e yükseldi.

Resûlullah (s.a.v.)'in Ordusu Mekke'ye Giriyor

İslâm ordusu Mekke şehrine dört yönden girdi. Hz. Peygamber Mekkelilere şöyle dedi;

- "Her kim Ebû Süfyân'ın evine girerse emniyettedir.
- Kâbe'ye sığınan emniyettedir.
- Silahını bırakarak, kendi evine giren, kapısını kapayan emniyettedir."

diyerek bütün Mekkelileri sakinleştirdi. Aynı sözleri Ebû Süfyân da tekrarladı.

Peygamberimiz daha sonra Mekkeliler için genel af ilan etti. Çok az kişi genel af dışında bırakıldı. Kâbe içinde bulunan 360 adet değişik şekil ve büyüklükteki tüm putlar temizlendi. Putlar devrilirken Peygamberimiz şu âyeti okuyordu:

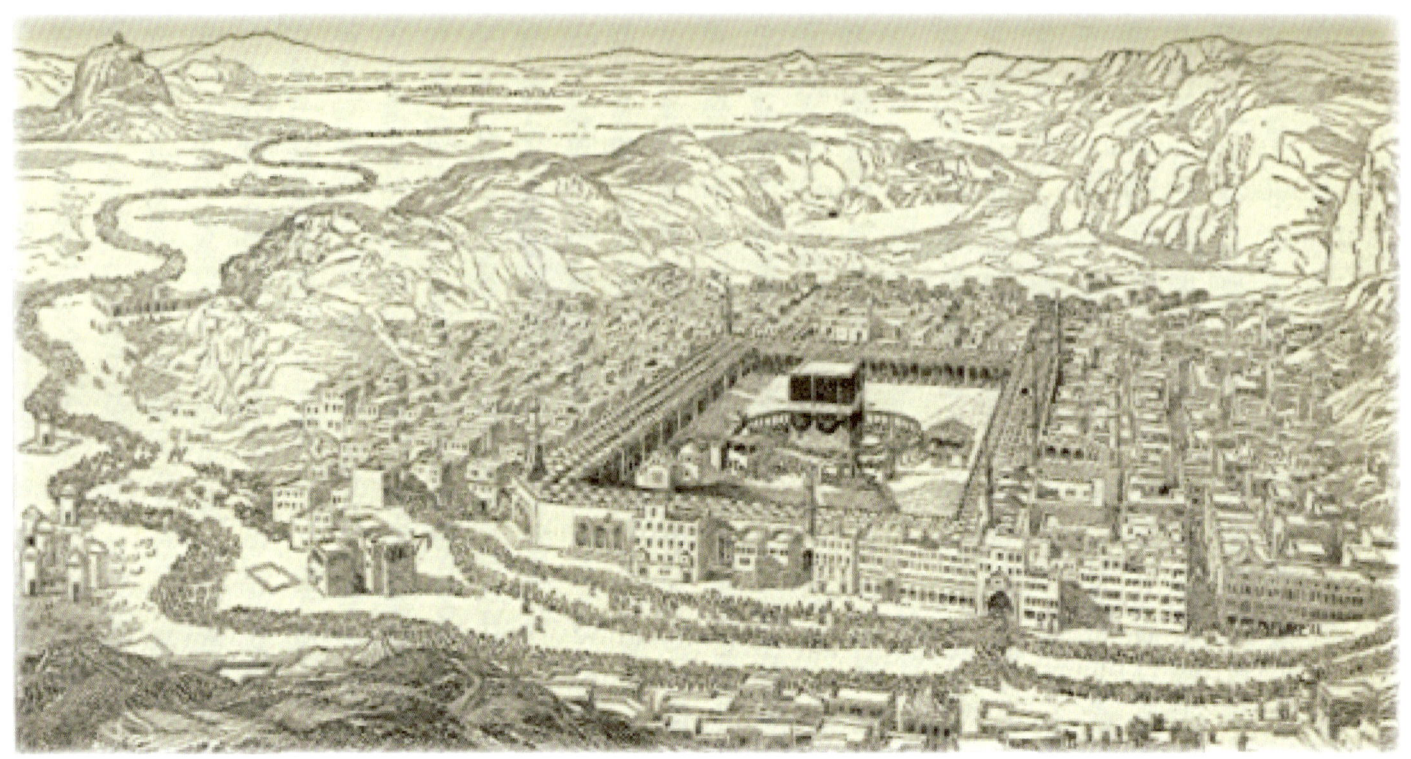

> **"DE Kİ: HAK GELDİ, BÂTIL YOK OLDU,**
> **ÇÜNKÜ BÂTIL, DAİMA YOK OLMAYA MAHKÛMDUR."**
> (İsrâ sûresi, 81. âyet)

Daha sonra Allah Resûlü (s.a.v.), Kâbe'ye girerek iki rekat şükür namazı kıldıktan sonra, Kâbe'yi dolaştı. Her tarafta tekbir getiriyor, Allah'a hamdediyordu.

Peygamberimiz, Mescid-i Harâm'a dolmuş, haklarında verilecek hükmü sabırsızlıkla bekleyen Kureyşlilere tarihi "Fetih Hutbesini" okudu.

Mekke'nin fethi, Müslümanlık için bir dönüm noktası oldu. Hakkın bâtıla kesin olarak üstün gelmesiyle Mekke huzura kavuştu.

NELER ÖĞRENDİK?

1 - Peygamberimiz'in bizzat idare ettiği savaşlara "Gazve", başında bulunmadığı askerî hareketlere de "Seriyye" denir. Gazvelerin sayısı 27, seriyyelerin sayısı da 47'dir.

2- Bedir Savaşı 624 yılında oldu. Peygamberimiz'in ordusu 305, müşrik ordusu da 950 kişiydi.

3- Bedir Savaşında Müslümanlar 14 şehit vererek galip geldi. Müşriklerden 70 esir, 70 ölü vardı.

4- Uhud Savaşı 625 yılında oldu. Müslüman ordusu 700, müşrik ordusu da 3.000 kişi idi.

5- Uhud Savaşında Ayneyn geçidindeki okçular izinsiz olarak yerlerini terkettikleri için Müslümanlar çok zor duruma düştüler.

8- Uhud Savaşında, müşrikler üstünlük elde ettiler ama bunu koruyamadılar, 22 ölü vererek çekilip gittiler.

9- Uhud Savaşında Müslümanlardan 70 kişi şehit oldu. Şehitler arasında, Peygamberimiz'in amcası Hz. Hamza da vardı.

10- Hendek Savaşı 627 yılında oldu. İslâm ordusu 3.000, müşrik ordusu da 10.000 kişiydi.

11 - Hendek Savaşında Selmân-ı Fârisî'nin teklifiyle Medine'nin etrafına hendek kazılmıştı.

12- Hendeğin uzunluğu 5.500 m, genişliği 9 m, derinliği de 4,5 m idi.

NELER ÖĞRENDİK?

13- Hendek Savaşında Müslümanlar galip geldi. Müşriklerden 4 kişi ölmüş, Müslümanlar 5 şehit vermişti.

14- Hudeybiye Antlaşması 628 yılında yapıldı. Bu anlaşma, İslâm tarihi açısından çok önemlidir.

15- Hudeybiye Antlaşması 10 yıl sürecekti. Müslümanlar o yıl Kâbe'yi ziyaret edemeyecek, bir yıl sonra ziyaret edebileceklerdi.

16- Hudeybiye Antlaşması'na göre; Medineli Müslümanlardan biri Mekke tarafına geçecek olursa geri verilmeyecek, Kureyşlilerden biri Medine'ye sığınırsa Müslüman olsa bile geri verilecekti.

17- Mekke müşrikleri Hudeybiye Antlaşması'nı bozdukları için Peygamberimiz Mekke'nin fethine karar verdi.

18- Mekke fethinde Müslüman ordusu 12.000 kişiydi.

19- İslâm ordusu, dört yönden Mekke'ye girdi. Peygamberimiz;
- Ebû Süfyân'ın evine girenlerin,
- Kâbe'ye sığınanların,
- Silahını bırakarak, kendi evine girenlerin emniyette olacağını bildirdi.

20- Peygamberimiz; "Hak geldi, bâtıl yok oldu. Çünkü bâtıl yok olmaya mahkûmdur." âyetini okuyarak Kâbe'nin içinde bulunan tüm putları yıktı.

21- Mekke fethinde Peygamberimiz Mekkelilere genel af ilan etti.

NELER ÖĞRENDİK?

1 -

SORULAR

1 - Hendek Savaşı'nda Medine'nin etrafına hendek kazılmasını kim teklif etmişti?

    a- Hz. Ömer   b- Hz. Abbas   c- Hz. Cübeyr   d- Hz. Selmân-ı Fârisî

2- Hendek Savaşı'nda düşman ordusu kaç kişiydi?

    a- 3.000   b- 10.000   c- 5.000   d- 2.000

3- Müslümanların tarihteki ilk antlaşması olan "Hudeybiye Antlaşması" 628 tarihinde kimlerle yapıldı?

    a- Hudeybiyeli müşriklerle   b- Mekkeli müşriklerle
    c- Medineli müşriklerle   d- Taifli müşriklerle

4- Hudeybiye Antlaşması'na göre, eğer Mekkeli Müslüman Medine'ye gelecek olursa Mekke'ye geri iade edilmeyecektir.

    a- Doğru   b- Yanlış

5- Hudeybiye Antlaşması kaç yıl sürecekti?

    a- 6 yıl   b- 8 yıl   c- 10 yıl   d- 5 yıl

6- Peygamberimiz .... yılında, ... kişilik bir orduyla Medine'den .... nin fethi için yola çıktı.

7- Mekke fethedilince, Kâbe'deki bütün putlar yıkıldı. Putlar devrilirken Peygamberimiz şu âyeti okuyordu:
De ki: .... geldi, ... yok oldu. Çünkü ...., yok olmaya mahkûmdur.

3. KISIM

- Veda Haccı
- Veda Hutbesi
- Resûlullah (s.a.v.)'in Vefatı

Veda Haccı

Peygamber Efendimiz, hicretin onuncu yılı, milâdî 632 yılının Zilhicce ayında hac farzını eda etti. İslâm tarihinde Resûlullah (s.a.v.)'in bu haccına "Veda Haccı" denilmektedir. Bu hac, Peygamberimiz'in ilk ve son haccıdır.

Peygamber Efendimiz, hac niyetiyle Mekke'ye gideceğini her tarafa bildirdi. Peygamberimiz Medine'deki Müslümanlarla birlikte yola çıktı. Yanında eşleri ve kızı Fâtıma (r.anha) da bulunuyordu. Yanına 63 tane de kurbanlık deve almıştı.

On gün sonra Mekke'ye ulaştı. Mekke'de 124.000 hacı adayı toplanmıştı.

Peygamberimiz bu büyük hacı kafilesiyle Arafat dağına çıktı. Kusva isimli devesine binerek büyük İslâm inkılâbının en büyük hutbesini okudu.
Bu hutbeye "Veda Hutbesi" denir.

VEDA HUTBESİ'NDEN

Bismillâhirrahmânirrâhim,

Ey insanlar!

Sözümü iyi dinleyiniz! Bilmiyorum, belki bu seneden sonra sizinle burada bir daha buluşamayacağım.

İnsanlar!

Bu günleriniz nasıl mukaddes bir gün ise, bu aylarınız nasıl mukaddes bir ay ise, bu şehriniz (Mekke) nasıl mübârek bir şehir ise, canlarınız, mallarınız, namuslarınız da öyle mukaddestir. Her türlü tecavüzden korunmuştur.

Ashâbım!

Muhakkak Rabbinize kavuşacaksınız. O da sizi yaptıklarınızdan dolayı sorguya çekecektir. Sakın benden sonra eski sapıklıklara dönmeyiniz ve birbirinizin boynunu vurmayınız! Bu vasiyetimi burada bulunanlar, bulunmayanlara ulaştırsın. Olabilir ki, burada bulunan kimse, bunları daha iyi anlayan birisine ulaştırmış olur.

Ashâbım!

Kimin yanında bir emânet varsa, onu hemen sahibine versin. Biliniz ki, faizin her çeşidi kaldırılmıştır. Allah böyle hükmetmiştir. İlk kaldırdığım faiz de Abdülmuttalib'in oğlu (amcam) Abbas'ın faizidir. Fakat ana paranız size aittir. Ne zulmediniz, ne de zulme uğrayınız

Ashâbım!

Dikkat ediniz, cahiliyeden kalma bütün âdetler kaldırılmıştır, ayağımın altındadır. Cahiliye devrindeki kan davaları da tamamen kaldırılmıştır. Kaldırdığım ilk kan davası Abdülmuttalib'in torunu İyâs bin Râbia'nın kan davasıdır.

Ey insanlar!

Muhakkak ki, şeytan şu toprağınızda kendisine tapınmaktan tamamen ümidini kesmiştir. Fakat siz bunun dışında ufak tefek işlerinizde ona uyarsanız, bu da onu memnun edecektir. Dininizi korumak için bunlardan da sakınınız.

Ey insanlar!

Kadınların haklarını gözetmenizi ve bu hususta Allah'tan korkmanızı tavsiye derim. Siz kadınları, Allah'ın emaneti olarak aldınız ve onların namusunu kendinize Allah'ın emriyle helal kıldınız.

Sizin kadınlar üzerinde hakkınız, kadınların da sizin üzerinizde hakkı vardır. Sizin kadınlar üzerindeki hakkınız, yatağınızı hiç kimseye çiğnetmemeleri, hoşlanmadığınız kimseleri izniniz olmadıkça evlerinize almamalarıdır. Kadınların da sizin üzerinizdeki hakları, meşru örf ve âdete göre yiyecek ve giyeceklerini temin etmenizdir.

Ey mü'minler!

Size iki emanet bırakıyorum, onlara sarılıp uydukça yolunuzu hiç şaşırmazsınız. O emanetler, Allah'ın kitabı Kur'ân-ı Kerîm ve benim sünnetimdir.

Mü'minler!

Sözümü iyi dinleyiniz ve iyi belleyiniz! Müslüman Müslümanın kardeşidir ve böylece bütün Müslümanlar kardeştirler. Bir Müslümana kardeşinin kanı da, malı da helâl olmaz. Fakat malını gönül hoşluğu ile vermişse o başkadır.

Ey insanlar!

Cenâb-ı Hak her hak sahibine hakkını vermiştir. Her insanın mirastan hissesini ayırmıştır. Mirasçıya vasiyet etmeye lüzum yoktur.

Ey insanlar!

Rabbiniz birdir. Babanız da birdir. Hepiniz Âdem'in çocuklarısınız. Âdem ise topraktandır. Arabın Arap olmayana, Arap olmayanın da Arap üzerine üstünlüğü olmadığı gibi, kırmızı tenlinin siyah üzerine, siyahın da kırmızı tenli üzerinde bir üstünlüğü yoktur. Üstünlük ancak takvada, Allah'tan korkmaktadır. Allah yanında en kıymetli olanınız O'ndan en çok korkanınızdır.

Azası kesik siyahi bir köle başınıza amir olarak tayin edilse, sizi Allah'ın kitabı ile idare ederse, onu dinleyiniz ve itaat ediniz.

Suçlu kendi suçundan başkası ile suçlanamaz. Baba oğlunun suçu üzerine; oğlu da babasının suçu üzerine suçlanamaz. Dikkat ediniz! Şu dört şeyi kesinlikle yapmayacaksınız:

Allah'a hiçbir şeyi ortak koşmayacaksınız.

Allah'ın haram ve dokunulmaz kıldığı canı, haksız yere öldürmeyeceksiniz.

Zina etmeyeceksiniz.

Hırsızlık yapmayacaksınız.

İnsanlar!

Yarın beni sizden soracaklar, ne diyeceksiniz? (Sahâbe-i kiram hep birden şöyle dediler):

- Allah'ın elçiliğini ifa ettiniz, vazifenizi hakkıyla yerine getirdiniz, bize vasiyet ve nasihatta bulundunuz, diye şehadet ederiz.

Bunun üzerine Resûl-i Ekrem Efendimiz şehâdet parmağını kaldırdı, sonra da cemaatin üzerine çevirip indirdi ve şöyle buyurdu:

- Şâhıd ol, yâ Rab! Şâhıd ol, yâ Rab! Şâhıd ol, yâ Rab!

Resûlullah (s.a.v.)'in Vefatı

Resûlullah (s.a.v), peygamberlik görevini tam mânasıyla yerine getirdi. Allah yolunda gereği gibi cihad etti. Her nefis gibi Peygamberimiz de ölümü tadacaktı.

Hicretin 11. yılında, hastalandı. Öyle bir an geldi ki artık mescide çıkıp namaz kıldıramaz hâle geldi. Hz. Ebû Bekir'in cemaate namaz kıldırmasını istedi .

Bir pazartesi günü, ilerleyen saatlerde Peygamberimiz'in rahatsızlığı arttı. Başı Hz. Âişe'nin kucağında idi. Son nefesini Allah'a teslim etti. Ay senesi hesabıyla 63 yaşında idi. Mübârek bedenini Hz. Ali yıkadı. Hz. Abbas ve oğulları yardımcı oluyorlardı.

Elbisesi çıkarıldı, sadece iç gömleği kaldı. Yıkarken mübârek tenine hiçbir insan eli değmedi.

Hz. Ebû Bekir'in rivayet ettiği bir hadîs-i şerif'e göre: "Allah Teâlâ peygamberlerin ruhunu o peygamberin defnolunmak istediği yerde alır." buyurmuştur.

Peygamberimiz, vefat ettiği yere defnedildi. Burası, mescidin yanı idi. Bugün, Medine'deki Mescid-i Nebevî'nin içindedir.

Mescid-i Nebevî'de Peygamberimiz'in minberi ile evi arasındaki yere "Ravza-i Mutahhara" denilir. Ravza, cennet bahçelerinden bir bahçedir. Peygamberimiz'in kabrinin de bulunduğu bugünkü mescitte Hz. Ebû Bekir ve Hz. Ömer'in de kabirleri vardır.

NELER ÖĞRENDİK?

1 - Peygamberimiz, 632 yılında "Veda Haccı"nı eda etti. Arafat tepesinde 124.000 sahâbeye "Veda Hutbesi"ni okudu.

2- Peygamberimiz, hicretin on birinci yılında hastalandı. Hastalığı ilerleyince ashâba namaz kıldıramadı. Hz. Ebû Bekir'in namaz kıldırmasını emretti.

3- Peygamberimiz, 63 yaşında vefat etti. Mübârek bedenini Hz. Ali yıkadı. Hz. Abbas ve oğulları da yardım ettiler.

4- Peygamberimiz, vefat ettiği yere defnedildi. Burası Hz. Âişe'nin odasıydı ve mescidin yanı idi.

5- Peygamberimiz'in evi ile minberi arasındaki yere "Ravza-i Mutahhara" denir. Ravza, cennet bahçelerinden bir bahçedir.

NELER ÖĞRENDİK?

1-

SORULAR

1 - Peygamberimiz'in ilk ve son haccına .... denir.

2- Peygamberimiz'in ilk ve son haccıyla ilgili cümlelerdeki boşlukları doldurunuz.

a- 124 .... kişi vardı.

b- Bu hacca .... haccı denir.

c- Peygamberimiz, hacı adaylarına .... dağında, ... adlı devesinin üstünde İslâm inkılâbının en büyük hutbesini verdi.

d- Okuduğu bu hutbeye .... Hutbesi denir.

3- Peygamberimiz Veda Hutbesinde:

"Dikkat ediniz! Şu dört şeyi kesinlikle yapmayacaksınız" buyurmuştur.

a- Allah'a hiçbir şeyi .... koşmayacaksınız.

b- Allah'ın haram ve dokunulmaz kıldığı ...., haksız yere öldürmeyeceksiniz.

c- .... etmeyeceksiniz

d- .... yapmayacaksınız.

4- Peygamberimiz Veda Hutbesi'nde; "Size iki emanet bırakıyorum. Onlara sarılıp uydukça yolunuzu hiç şaşırmazsınız. O emanetler Allah'ın Kitabı .... ve benim ....dir. Üstünlük ancak ....da, Allah'tan korkmaktadır."

5- Peygamberimiz, hicretin .... yılında, ... yaşında iken vefat etti.

6- Peygamberimiz'in mübârek bedenini .... yıkadı. Hz. Abbas ve oğulları da yardım etti.

7- Peygamberimiz, vefat ettiği yere defnedildi. Mescid-i Nebevî'de Peygamberimiz'in minberi ile evi arasındaki yere .... denir. Burası .... bahçelerinden bir bahçedir.

Okuma Parçası

AKILLI ÇOCUK

Almanya'nın Berlin şehrinde, Türklerin çok yoğun oturduğu bir mahallede çok akıllı, zeki bir çocuk varmış. Üçüncü sınıfa giden bu çocuğun adı Selim'miş. Okulda öğretmenleri, camide hocası, evde anne ve babası Selim'i çok severlermiş.

Arkadaşları da Selim'le oynamaktan, onunla birlikte ders çalışmaktan çok zevk alırlarmış. Çok merak ettik, kimdir bu Selim? Bunu sizler için sorduk ve araştırdık.

Daha henüz ilkbahar yeni girmişti. Ağaçlar çiçek açmış, rengârenk kuşlar ve kelebekler uçuşuyordu. Böyle güzel bir havada Selim, okuldan gelmişti. Karnını doyurur doyurmaz çantasını alarak caminin yolunu tutmuştu.

Orada hocasından ve abilerinden hem Kur'ân-ı Kerîm öğreniyor, hem ezber dersi yapıyordu. Hem de dinî ve ahlâkî dersler alıyordu. Bu eğitimlerin yanı sıra camideki liseli ve üniversiteli ağabeylerinden ev ödevlerine yardım dersi de alıyordu. Böylece okul derslerinde de başarılı olmasını sağlıyordu.

Selim geçen sene olduğu gibi bu sene de sınıfının birincisi olmak için gayret gösteriyordu. Hatta bu sene bütün gayreti ile okulunun birincisi olacağını herkese söylüyordu.

Camideki derslerinden sonra eve gelen Selim, kendisinden iki yaş küçük olan kardeşi Şeyma'yı da yanına alarak evlerine çok yakın bir çocuk parkına oynamaya gittiler. Oyun esnasında onları çok yakından izledik. Gerçekten de çok güzel bir şekilde arkadaşları ile uyum içerisinde, onlara örnek olabilecek şekilde oyun oynuyorlardı.

Selim ile kardeşi Şeyma'yı yanımıza çağırdık. Bu arada onlarla birlikte parkta oynayan diğer çocuklar da geldiler. "Selim'in okul derslerin de başarılı, akıllı bir çocuk olduğunu duymuştuk ve ona İslâmî konular hakkında bazı sorular sormayı arzuladık. Bakalım bu hususta da o kadar başarılı mıdır diye?" söze başladık ve Selim'e yönelerek:
- Selim müsaade edersen sana bazı sorular soracağız. Ne dersin? deyince:
Selim: Tabi sorabilirsiniz, buyurun sizi dinliyorum, dedi.

Temel Bilgiler 2

Biz Sorduk

Biz Sorduk	Selim Cevapladı
Sen Müslüman mısın?	Elhamdülillâh Müslümanım.
Rabbin kimdir?	Allah (c.c.)
Dinin nedir?	İslâm.
Kitabın nedir ?	Kur'ân-ı Kerîm.
Kıblen neresidir?	Kâbe.
Kâbe nerededir?	Mekke'de.
Kimin kulusun?	Allah'ın.
Kimin ümmetindensin?	Peygamberimiz'in.
Peygamberimiz'in adı nedir?	Hz. Muhammed Mustafa. (s.a.v.)
Babası ve Annesi kimdir?	Abdullah ve Âmine.
Sütannesi kimdir?	Halîme.
Dedesi kimdir?	Abdulmuttalib.
Peygamberimiz nerede doğdu?	Mekke'de.
Hangi tarihte doğdu?	Milâdî 571 yılında.
Kaç yaşında peygamber oldu?	40 yaşında.
Kaç yıl peygamberlik yaptı?	23 yıl.
Kaç yaşında vefat etti?	63 yaşında.
Kabri nerededir?	Medine'de
Ne zamandan beri müslümansın?	Kalu-Belâ'dan beri.
Kâlû-Belâ neye denir?	Ruhlarımız yaratıldığında Allah'ın; "Ben sizin Rabbiniz değil miyim?" sorusuna: "Evet, sen bizim Rabbimiz sin..." diye cevap vermemize denir.

AHLÂK

- Ahlâkın Tarifi

- İslâm Ahlâkı'nın Önemi

- İslâm Ahlâkı'nın Sahası

- Müslümanın Görevleri
  - Allah'a Karşı Görevlerimiz
  - Peygamber'e Karşı Görevlerimiz
  - Anne Babaya Karşı Görevlerimiz
  - Komşulara Karşı Görevlerimiz
  - İnsanlara Karşı Görevlerimiz

Ahlâkın Tarifi

Ahlâk; kişinin iç ve dış âlemini güzelleştirici kurallardır. Başka bir ifadeyle, nefsi güzelliklerle süsleme ve kötülüklerden koruma yollarını gösteren kurallardır.

Ahlâk;

- İnsanın davranışlarına yön verir.
- İyi ile kötünün tesbitini sağlar.
- İyiyi alıp kötüden kaçınmanın yollarını tarif eder.
- İnsanın yapması gereken vazifeleri gösterir.

Peygamberimiz şöyle buyurur:

"Güzel ahlâk, güneşin buzu erittiği gibi, günahları eritir."

İslâm Ahlâkı'nın Önemi

İnsan, aklı, zekâsı ve iradesiyle diğer canlılardan ayrılır. Kur'ân-ı Kerîm insanın, başıboş olmadığını, haber vermektedir.

Bir âyet-i kerîmede Rabbimiz şöyle buyurur:

"Biz gerçekten insanı en güzel bir biçimde yarattık." (Tîn sûresi, 4. âyet)

İnsan olarak bu güzelliğimizi devam ettirebilmemiz için İslâm'ın ahlâk prensiplerine uymamız gerekir. İnsan, toplum hâlinde yaşamak ve iyi ilişkiler kurmak zorundadır. Bunun için de Müslümanın, İslâm ahlâkına hava ve su gibi ihtiyacı vardır.

Hz. Peygamber, ahlâkın önemini değişik ifadelerle dile getirmiştir.

- "Sizin en hayırlınız, ahlâkı en güzel olanınızdır."
- "Ben güzel ahlâkı tamamlamak için gönderildim."
- "Benim yanımda en sevimliniz ve kıyamet günü bana en yakın olanınız, ahlâkı güzel olanınızdır."

En iyi insan olmak, herkesin tek hedefi olmalıdır. İnsan bunun için yaratılmıştır. Bu hedefe varabilmenin en önemli şartı, Peygamberimiz'in bize söylediği gibi ahlâklı olmaktır. İnsanlara en güzel ahlâkı öğretmek için gönderilen Peygamberimiz bile;

"Allah'ım beni güzel ahlâka ulaştır..."

diye dua etmiştir. Allah'ın rızasını kazanmanın, toplumda sevilen sayılan kişi olmanın yolu, İslâm ahlâkını öğrenip ona uygun yaşamaktır.

İslâm Ahlâkı'nın Sahası

İslâm, insanın bütün hayatı ile ilgilenir. İnsanın çevresindeki her şeyle olan ilişkisi ahlâk çemberinin içine girer.

Ahlâk kaideleri;

- Yiyip içmemizi,
- Oturup kalkmamızı,
- Giyinip kuşanmamızı,
- Sözümüzü, sohbetimizi,
- Kısacası, her şeyimizi, kapsar.

Övülen ve Güzel Görülen Davranışlardan Bazıları...

"Mü'minlerin iman açısından en mükemmel olanı, ahlakı en iyi olanıdır."
(Hadîs-i şerif)

- Ağırbaşlılık
- Alçakgönüllülük
- Ana babaya iyilik
- Bağışlayıcı olmak
- Cesaret
- Cömertlik
- Çalışkanlık
- Doğruluk
- Fedakârlık
- Saygı
- Sevgi
- Şefkat
- Temizlik

- Adâlet
- Hoşgörü
- İyi niyetli olmak
- İyilik
- Kusurları örtücü olmak
- Misafirperverlik
- Nezaket
- Sabır
- Selâmlaşmak
- Sorumluluk
- Şükür
- Güven

Mîzana konan ameller arasında güzel ahlâktan daha ağır gelecek hiçbir şey yoktur.
(Hadîs-i şerif)

Yerilen ve Çirkin Görülen Davranışlardan Bazıları

"Kim bir iyilik yaparsa ona on katı karşılık vardır. Kim de bir kötülük yaparsa, o da sadece o kötülüğün misliyle cezalandırılır ve onlara zulmedilmez." (En'âm sûresi, 160. âyet)

- Acımasızlık
- Aç gözlülük
- Alaycılık
- Aldatmak
- Arabozuculuk
- Bencillik
- Cahillik
- Cimrilik
- Dedikoduculuk
- Emanete hıyanet
- Hakaret etmek
- Hırsızlık
- Tembellik

- İftira
- İkiyüzlülük
- İnatçılık
- İsraf
- Kabalık
- Kıskançlık
- Kibir
- Kin
- Korkaklık
- Küskünlük
- Yalan
- Öfke

İki özellik vardır ki, bir mü'minde asla bir araya gelmez. Cimrilik ve kötü ahlâk. (Hadîs-i şerif)

NELER ÖĞRENDİK?

1 - Kişinin, iç ve dış âlemini güzelleştiren kurallara "Ahlâk Kuralları" denir.

2- Peygamberimiz, "Güzel ahlâk, güneşin buzu erittiği gibi, günahları eritir" buyurmuştur.

3- Müslümanın, İslâm ahlâkına hava ve su gibi ihtiyacı vardır. Ahlâk kuralları bütün hayatımızı kapsar.

4- Cömertlik, çalışkanlık, doğruluk, saygı, sevgi, ana babaya iyilik övülen ve güzel davranışlardandır.

5- Acımasızlık, alaycılık, hırsızlık, tembellik, israf, yalan, küskünlük çirkin görülen davranışlardandır.

NELER ÖĞRENDİK?

1 -

SORULAR

1 - Peygamberimiz; "Benim yanımda en sevimliniz ve kıyamet günü bana en yakın olanınız .... güzel olanınızdır." buyurmuştur.

2- Allah rızasını kazanmanın, toplumda sevilen sayılan kişi olmanın yolu, İslâm ....nı öğrenip ona uygun yaşamaktır.

3- Nefsi güzelliklerle süsleme ve kötülüklerden koruma yollarını gösteren kurallara .... kuralları denir.

4- Hangileri güzel görülen davranışlardandır? İşaretleyiniz.

    a- Cesaret   b- İsraf   c- Doğruluk   d- Alaycılık

    e- Saygı   f- Selâmlaşmak   g-Tembellik   h- Hakaret

5- Hangileri kötü görülen davranışlardandır? İşaretleyiniz.

    a- Sabır   b- Kibir   c- Adâlet   d- Sorumluluk

    e- Hoşgörü   f- İnatçılık   g- Cahillik   h- İftira

6- Açgözlülük, yerilen ve .... görülen bir davranıştır.

7- Mîzana konan ameller arasında ....tan daha ağır gelecek hiçbir şey yoktur.

8- Allah rızasını kazanmanın, toplumda sevilen sayılan kişi olmanın yolu, İslâm ....nı öğrenip ona uygun yaşamaktır.

Müslümanın Görevleri

Allah'a Karşı Görevlerimiz

İyi Müslüman olmanın birinci şartı Allah'a hakkıyla iman edip, kulluk etmektir. Kulluk ise O'nun emirlerini yapıp yasaklarından kaçınmakla olur. Allah'a karşı görevlerimizin bazılarını söylece sıralayabiliriz;

- Allah'a ve O'nun bildirdiği gerçeklere inanmak.
- O'na şükretmek.
- O'na güvenip, rahmetinden ümit kesmemek
- Sık sık O'nun adına yemin etmemek.
- Devamlı Allah'ı hatırlamak,
- Allah'a karşı ibâdetleri yerine getirmek.
- O'na dua etmek
- O'na tevbe etmek ve O'ndan af dilemek.
- O'nu her şeyden çok sevmek

Hadîs-i şerifte şöyle buyurulur:

"Allah bir kulu sevince Cebrâil'i çağırır ve: "Ben filanı seviyorum, onu sen de sev, buyurur.
Cebrâil onu sever sonra da şöyle nida eder: Allah filanı seviyor, siz de onu seviniz.
Böylece gök ehli de onu severler, sonra yeryüzünde kabul görmesi emrolunur."

Allah Kimleri Sever?

ALLAH

-- Adâletle davrananları ve adâleti gözetenleri
-- Çok tevbe edenleri
-- Güzel davranışları
-- İyilik edenleri
-- Kendine karşı gelmekten sakınanları
-- Sabredenleri
-- Temizlenenleri
-- Tevekkül edenleri   SEVER

Allah Kimleri Sevmez?

ALLAH

-- Bozguncuları
-- Şımaranları
-- Günahkârları ve nankörleri
-- Haddi aşanları
-- Hainleri
-- İnkâr edenleri
-- İsraf edenleri
-- Kibirlenenleri   SEVMEZ

Peygamberimiz'e Karşı Görevlerimiz

Peygamberimiz, âlemlere rahmet olarak gönderilmiştir. Allah, o'nun için:

"Sen yüce bir ahlâk üzeresin." (Kalem sûresi, 4. âyet)
"Allah'ın resulünde sizler için güzel bir örnek vardır." (Ahzâb sûresi, 21 . âyet) buyurmaktadır.

Ona karşı görevlerimizden bazılarını şöyle sıralanabilir:

- Onu çok sevmek.

- Onun hayatını ve bütün yaptıklarını örnek almak.

- Onun mübârek sözlerini okumak, anlamak ve yaşamak.

- Onun ismi anıldığı zaman, o'na salât-ü selâm getirmek.

- Onun ahlâkıyla ahlâklanmak.

- Kabrini ziyaret ederken, sanki Hz. Peygamber hayattaymış gibi edebe uymak.

Peygamberimiz'in Ahlâkından Örnekler:

- Peygamberimiz çok güvenilir bir insandı. Düşmanları bile sefere çıkarken kıymetli eşyalarını ona teslim ederlerdi.
- Acıma duygusu yüksekti.
- Edepli ve utangaçtı.
- Yemesi, içmesi ve giyinmesi sade idi. Önüne gelen yemeği yerdi. Yemek seçmezdi.
- Toplumda kendisine yer ayrılmasını istemez, boş bulduğu yere otururdu.
- O, affediciydi; kendisine işkence edenlere, Mekke'nin fethi günü "Hepiniz serbestsiniz, gidebilirsiniz." demişti.
- Alışverişte doğruluktan ayrılmazdı.
- Evde iyi bir aile reisi idi. Ev işlerine yardım ederdi.
- Şaka da olsa hiçbir kötü sözü ağzına almazdı.
- İyi ve güzel huylu, bütün insanlara nazik davranır. Her zaman güler yüzlü idi.
- Karşılaştığı kişiye selâm verirdi.
- İnsanların ayıplarını yüzüne vurmazdı,
- Kendisiyle konuşanı dikkatle dinler ve yüzünü ondan çevirmezdi.
- Çok cömertti, hiç kimseye hayır dememişti.

NELER ÖĞRENDİK?

1 - Allah'a karşı görevlerimiz:
- O'na inanmak, emirlerine uymak.
- Rahmetinden ümit kesmemek.
- O'na ibâdet etmek.
- O'na tevbe etmek ve af dilemek.
- O'nu her şeyden çok sevmektir.

2- Allah; güzel davrananları, adâletli olanları, iyilik edenleri, sabredenleri, temizlenenleri sever.

3- Allah; bozguncuları, nankörleri, hainleri, inkâr edenleri, israf edenleri, zalimleri sevmez.

4- Peygamberimiz'e karşı görevlerimiz:
- Onu çok sevmek.
- Onu örnek almak.
- Ona salât-ü selâm getirmek.
- Onun mübârek sözlerini okumak, anlamak ve yaşamaktır.

5- Peygamberimiz her yönüyle en güzel ahlâk sahibi idi.

NELER ÖĞRENDİK?

1 -

SORULAR

Aşağıdaki sorulara EVET - HAYIR şeklinde cevap veriniz.

1 - Peygamberimiz çok güvenilir bir insandı. Düşmanları bile sefere çıkarken kıymetli eşyalarını ona teslim ederlerdi. (   )

2- Allah, şımaranları sever. (   )

3- İyi Müslüman olmanın birinci şartı Allah'a hakkıyla iman edip, kulluk etmektir.
(   )

4- Allah'a güvenip, rahmetinden ümit kesmemeliyiz. (   )

5- Peygamberimiz'in hayatını ve bütün yaptıklarını hayatımızın bütün safhalarında örnek almalıyız. (   )

6- Peygamberimiz, kendisiyle konuşanı dikkatle dinlemez ve yüzünü başka tarafa çevirirdi. (   )

7- Peygamberimiz'in mübârek sözlerini okumak, anlamak ve yaşamak bizim en önemli görevimizdir. (   )

8- Allah'a kulluk onun emirlerini yapmayıp yasaklarından kaçınmamakla olur.
(   )

Anne ve Babamıza Karşı Görevlerimiz

Allah ve resulünden sonra en çok itaat edeceğimiz kişiler anne-babamızdır. Allah, "Rabbin, sadece kendisine kulluk etmenizi; ana-babanıza da iyi davranmanızı kesin bir şekilde emretti." buyurmuştur.

(İsrâ sûresi, 23. âyet)

Allah'ın en çok sevdiği amel vaktinde kılınan namazdır. Bundan sonra anne-babaya iyilik gelir. Anne-babanın doğru olan emirlerine itaatsizlik büyük günahlardandır.

Bir adam annesini sırtına almış Kâbe'yi tavaf ettiriyordu. O esnada Resûlullah (s.a.v.)'i gördü: "Nasıl annemin hakkını ödeyebildim mi?" diye sordu. Hz. Peygamber: "Hayır, seni karnında taşırken, bir nefes alma anındaki zahmetinin dâhi hakkını ödeyemedin." buyurdu.

Anne babanın hakkı, ödenemeyecek kadar büyüktür. Ancak onlara iyi ve güzel davranmak suretiyle gönülleri razı edilirse hakları ödenmiş olur.

Allah Teâlâ, İsrâ sûresinin 23. âyetinde; "Eğer onlardan birisi veya ikisi birden ihtiyarlıklarında senin yanında olurlarsa 'öf' deme, onları azarlama, onlara güzel söz söyle." buyurmuştur: O halde anne-babaya karşı görevlerimizi söyle sıralayabiliriz:

- Onlara öf dememek,
- Onları azarlamamak,
- Onlara hoş söz söylemek,
- Onlara isimleri ile değil, anneciğim, babacığım şeklinde hitap etmek,
- Onlara acımak, hoşca sohbet etmek, kucaklamak, ellerini öpmek, sevindirmek.
- Hem hayatta iken, hem de öldükten sonra, onlara dua etmek.

Peygamberimiz'e bir adam geldi ve; "Yâ Resûlallah, öldükten sonra anne-babama yapabileceğim bir iyilik kaldı mı? Yapayım" dedi. Hz. Peygamber; "Evet, onlara dua etmen ve Allah'tan mağfiret talep etmen; varsa vasiyetlerini yerine getirmen, onların ziyaret ettiği kimseleri ziyaret edip, dostlarına ikramda bulunmandır." buyurdu.

Komşularımıza Karşı Görevlerimiz

Akrabalarımızdan sonra bize en yakın olanlar komşularımızdır. Peygamberimiz, "Kişinin mutluluğundan birisi de iyi bir komşuya sahip olmasıdır." buyurmuştur. Komşularımıza karşı görevlerimizi, Peygamber Efendimiz şu hadîs-ı şerifleriyle ifade etmişlerdir:

- Senden isterse borç vermen,
- Yardım dilerse yardım etmen,
- İhtiyacı olursa karşılaman,
- Hastalanırsa ziyaret etmen,
- Ölürse cenazesine katılman,
- Bir sıkıntıya uğrarsa üzüntünü belirtip teselli etmen.

Bütün İnsanlığa Karşı Görevlerimiz

İnsan, en şerefli bir varlık olarak yaratılmıştır. İnsanın yaratılışında; bir arada yaşama, yardımlaşma ve dayanışma ihtiyacı vardır. Kur'ân-ı Kerîm'de: "Ey insanlar, sizi bir erkekle bir dişiden yarattık ve sizi birbirinizle tanışasınız diye milletlere ve kabilelere ayırdık." buyurulmaktadır. (Hucurât sûresi, 13. âyet)

İnsanın birçok ihtiyacı vardır. Bu ihtiyaçları tek başına karşılayamaz. Diğer insanlarla yardımlaşmak zorundadır. Bu sebeple insanlara karşı da görevlerimiz vardır. Bunlar:

- İnsanın, Allah tarafından yaratıldığını bilerek ona iyi davranmak,
- Yardımlaşma ve dayanışma içinde olmak,
- Düşkünlere yardım etmek,
- Hayatı tehlikeye atan şeylere karşı ortaklaşa mücadele etmek,
- İnsan haklarına saygı göstermek,
- İnsanların mallarına zarar vermemek.

> Elif okuduk ötürü,
> Pazarlık yaptık götürü,
> Yaratılanı severiz,
> Yaratandan ötürü.
>
> Yûnus EMRE

NELER ÖĞRENDİK?

1 - Allah ve Peygamber'den sonra en çok itaat edeceğimiz kişiler anne ve babamızdır.

2- Anne-babanın hakkı, ödenemeyecek kadar büyüktür.

3- Anne-babamıza "öf" dememeli, onları azarlamamalı, onlara güzel ve hoş sözler söylemeli, ellerini öpmeli ve dualarını almalıyız.

4- Komşularımızla iyi geçinmeli, onları rahatsız etmemeliyiz.

NELER ÖĞRENDİK?

1 -

Ahlâkla ile İlgili Bir Hatıram

SORULAR

1 - Allah ve resulünden sonra en çok itaat edeceğimiz kişiler .... ve ....dır.

2- Allah Teâlâ, İsrâ sûresinde; "Eğer onlardan birisi yada ikisi birden ihtiyarladıklarında senin yanında olurlarsa "................" deme, ..." buyurmaktadır.

3- Komşularımıza karşı görevlerimizi Peygamberimiz şu hadîs-i şerifleriyle ifade etmişlerdir:
Senden isterse .... vermen, yardım dilerse .... etmen,
• ....olursa karşılaman,
• .... ziyaret etmen,
• .... cenazesine iştirak etmen,
• Bir .... uğrarsa uzüntünü belirtip teselli etmen.

4- Akrabalarımızdan sonra bize en yakın olanlar ....dır.

5- Kur'ân-ı Kerîm'de; "Ey insanlar, sizi bir ...., bir .... yarattık ve sizi birbirinizle tanışasınız diye .... ve kabilelere ayırdık." buyurulmaktadır.

6- Düşkünlere yardım etmek .... görevimizdir.

7- Yaratılanı severiz, ...dan ötürü.

8- Anne-babanın doğru olan emirlerine itaatsizlik büyük ....lardandır. Kişinin mutluluğundan birisi de iyi bir .... sahip olmasıdır. İnsanlık görevlerimizden biri de insanların .... zarar vermemektir.

DİNÎ MÛSİKİ

- Dinî Mûsiki
- Tekbir-i Şerif
- Salât-ı Ümmiye
- Ezan ve Kâmet
- Müezzinlik
- İlâhiler

Dinî Mûsiki

Güzel ve düzenli seslerin nota ile söylenmesine mûsikî denir.

Kur'ân-ı Kerîm'in, ezanın, mevlidin, ilâhi ve kasidelerin güzel sesle ve belli kurallara uyularak okunması gerekir.

Peygamberimiz'in sesi çok güzeldi. O, Kur'ân-ı Kerîm okurken dinleyenler mest olurdu. Güzel sesle Kur'ân-ı Kerîm okuyanları Peygamberimiz'in sevdiği bilinmektedir.

Güzel sesli sahabelerden Ebû Mûsâ el-Eş'arî, bir gece tek başına Kur'ân-ı Kerîm okurken Peygamberimiz dinlemiş, ertesi gün onu övmüştür.

Peygamberimiz ezanı, sesi çok güzel olan Hz. Bilâl-i Habeşî'ye okuturdu ve bundan büyük bir haz duyardı.

Sonuç olarak Kur'ân-ı Kerîm'in ve ezanın güzel sesle okunması bizzat Peygamberimiz tarafından buyurulmuştur. Güzel sesle okunan Kur'ân-ı Kerîm'i dinleyenlerin gönüllerinde Allah sevgisi ve aşkı oluşur. Mü'minler günahlarından arınmak için tevbe ve istiğfara yönelirler.

Mübârek gün ve gecelerde daha fazla okunan mevlid, ilhâhi ve kasideler mü'minleri cemaatleştiren ve ulvi duygular etrafında birleştiren güzel geleneklerdir.

Tekbir-i Şerif

Tekbirin kelime anlamı Rabbimizi birlemek demektir. Tekbir, Kurban Bayramı günlerinde kılınan farz namazlardan ve bayram namazlarından sonra, kurban kesilirken, mevlid merasimi esnasında, cenazede, toplu bir dini merasim heyecanı içerisinde koro halinde okunur.

اَللّٰهُ اَكْبَرُ اَللّٰهُ اَكْبَرُ لَا اِلٰهَ اِلَّا اللّٰهُ وَاللّٰهُ اَكْبَرُ اَللّٰهُ اَكْبَرُ وَلِلّٰهِ الْحَمْدُ

Anlamı:

Allah en büyüktür, Allah en büyüktür, Allah'tan başka ilâh yoktur. Yemin ederim ki, Allah en büyüktür. Allah en büyüktür ve hamd Allah içindir.

Salât-ı Ümmiye

Salât-ı ümmiye, mevlid gibi bazı dinî törenlerde, bazı dinî günlerde ve Teravih namazı aralarında, Peygamberimiz'e ait mukaddes eşyaların ve Sakal-ı Şerif ziyareti sırasında, kısaca salât-ü selâm getirilmesi gereken yerlerde cemaat tarafından koro halinde okunur.

اَللّٰهُمَّ صَلِّ عَلٰى سَيِّدِنَا مُحَمَّدٍ نَبِيِّ الْاُمِّيِّ وَ عَلٰي آلِهِ وَ صَحْبِهِ وَ سَلِّمْ

Anlamı:

"Allah'ım! Ümmi bir peygamber olan Efendimiz Muhammed'e ve onun, ailesine ve ashabına, beraber olduğu arkadaşlarına salât et, selâm et."

İLÂHİLER

Ben Yürürüm Yâne Yâne

Ben yürürem yâne yâne,
Aşk boyadı beni kane,
Ne akilem ne divane,
Gel gör beni aşk n'eyledi.

Gah eserim yeller gibi,
Gah tozarım yollar gibi,
Gah akarım seller gibi,
Gel gör beni aşk n'eyledi.

Ya elim al kaldır beni,
Ya vaslına erdir beni,
Çok ağladım güldür beni,
Gel gör beni aşk n'eyledi.

Benzim sarı gözlerim yaş,
Bağrım yara ciğerim baş,
Halim bilen derdli kardeş,
Gel gör beni aşk n'eyledi.

Aşkın beni mest eyledi,
Aldı gönlüm hast'eyledi,
Öldürmeğe kast eyledi,
Gel gör beni aşk n'eyledi.

Ben YÛNUS'u biçareyim,
Dost elinden avareyim,
Baştan ayağa yareyim,
Gel gör beni aşk n'eyledi.

Yûnus EMRE

Durmaz Yanar Vücudum

Durmaz yanar vücudum Allah!
Bizleri de mahrum eyleme Allah!
Sensin benim maksudum Allah!
Bizleri de mahrum eyleme Allah!

Kandiller yana yana Allah!
Dervişler döne döne Allah!
Şükür erdik bugüne Allah!
Bizleri de mahrum eyleme Allah!

Yûnus EMRE

Halas eyle nârından Allah!
Ayırma didarından Allah!
Cennete cemalinden Allah!
Bizleri de mahrum eyleme Allah!

Aşkın ile Aşıklar

Aşkın ile aşıklar
Yansın Yâ Resûlallah!
İçip aşkın şarabın
Kansın Yâ Resûlallah!

Şol seni sevenlere
Kıl şefaat anlara
Mü'min olan tenlere
Cansın Yâ Resûlallah!

Şol seni seven kişi
Verir yoluna başı
İki cihan güneşi
Sensin Yâ Resûlallah!

Aşık oldum dildare
Bülbül oldum gülzare
Seni sevmeyen nare
Yansın Yâ Resûlallah!

Aşkın YÛNUS'un canı
İlmi şefaat kanı
Âlemlerin sultanı
Sensin Yâ Resûlallah!

Aşkın ile aşıklar
Yansın Yâ Resûlallah!
İçip aşkın şarabın
Kansın Yâ Resûlallah!

Yûnus EMRE

Haktan İnen Şerbeti

Haktan inen şerbeti
İçtik Elhamdülillah
Sol kudret denizen
Geçtik Elhamdülillâh

Ayağ idik baş olduk
Kuru idik yaş olduk
Kanatlandık kuş olduk
Uçtuk Elhamdülillâh

Dirildik pınar olduk
İrkildik ırmak olduk
Aktık denize dolduk
Taşdık Elhamdülillâh

Taptuğun tapusunda
Kul olduk kapusunda
Miskin YÛNUS çiğ idik
Piştik Elhamdülillâh

Yûnus EMRE

TEŞKİLAT DERSLERI

RÜŞTÜ DEDE İLE EV SOHBETİ
Ev Sohbetinde Buraklardayız!

Bu akşam ev sohbeti için Buraklarda toplanmıştık. Burak'ın dedesi ak saçlı ak sakallı bir pamuk dede idi. Çocukları çok severdi. Kendisi Medine'de yaşadığı için Almanya'ya ara sıra gelirdi. Biz de Buraklardaki ev sohbetlerini genelde Rüştü Dede'nin orada olduğu zamanlara denk getirirdik. Hem onu ziyaret eder hem de ondan eskilerin hikâyelerini dinlerdik.

Rüştü Dede bizi evin kapısında karşıladı. Hepimizin ellerini tek tek sıktı, başımızı okşadı. Bazılarımızı ismen tanıyordu. Bana da:

"Maşallah Enesciğim, ne kadar büyümüşsün sen böyle! Kocaman olmuşsun." dedi.

Ev sohbeti camimizin Gençlik Teşkilatları tarafından yapılan haftalık bir sohbet toplantısıydı. Gençlik Başkanımız Mustafa Abi bir gün önceden hepimizi tek tek arayıp sohbeti hatırlatırdı.

"Enes, bu akşam Buraklardayız. Akşam namazında camide buluşacağız, oradan birlikte Buraklara geçeriz." Bu hatırlatmayı hiç aksatmazdı Mustafa Abi. Bazen canım sohbete gitmek istemese de Mustafa Abi'yi kıramaz ve katılırdım. Sohbetlere katılmaya iki yıl önce başlamıştım. Bugün artık ben de Mustafa Abi'nin yardımcısı olarak arkadaşlarımı arayıp sohbete davet ediyorum. Ev sohbetlerinin ne kadar önemli olduğunu, İslam'ın ilk yıllarında Efendimizin de ev sohbetleri ile dini tebliğ ettiğini bu sohbetlerde öğrendim.

"Evet... Çocuklar hoş geldiniz!" Bu ses beni daldığım düşüncelerden kopardı ve odaya, arkadaşlarımın arasına döndürdü. Konuşan Rüştü Dede idi. Tok bir sesi vardı. Kısa cümlelerle konuşurdu.

"Size artık çocuk da denmez yahu. Genç demek lazım. Genç. Gençler! Maşallah."

Fırsattan istifade hemen söz aldım:

"Öncelikle bizi evinizde ağırladığınız için Gençlik Başkanım ve genç kardeşlerim adına size teşekkür ediyoruz Rüştü Dede. Ayrıca siz de Medine'den Almanya'ya hoş geldiniz. Sizi ziyaret etmek ve dinlemek bizi çok mutlu ediyor."

"Teşekkür ederim Enes. Sağ olun gençler. Maşallah sizler sadece büyümemişsiniz, aynı zamanda olgunlaşmışsınız. Ben de sizlerle birlikte olmaktan çok mutluyum. Hepinize Peygamberimizin şehri Medine'den selamlar getirdim. Ayrıca size ikram etmek için zemzem ve hurma da getirdim."

Gençler gülümsüyordu. Odada tatlı bir huzur vardı.

Teşkilatımızın Kuruluşu

Gençlik Başkanımız Mustafa Abi sordu:

"Rüştü Dede, o hâlde fazla vaktinizi almadan, sizi yormadan bugünkü sohbetimize başlayalım isterseniz. Bizler aramızda İslam Toplumu Millî Görüş üzerine konuştuk. Sohbetler ettik. Teşkilatımızı bir nebze de olsa tanıyoruz. Ama biliyoruz ki, siz Almanya'da teşkilatı kuranlardan birisiniz. Rahmetli Erbakan Hoca, rahmetli Yusuf Zeynelabidin ve rahmetli Osman Yumakoğulları ile birlikte bu davanın önden gidenlerindensiniz. Allah'a hamdolsun, siz yaşıyorsunuz ve aramızdasınız. Bize teşkilatımız ile ilgili bilgi verir misiniz?

"Teşekkür ederim Mustafa. Sohbetimize başlarken yüce Allah'a bizleri bir araya getirdiği için teşekkür ediyorum. Elhamdulillah! Bize dini getiren ve açıklayan, getirdiği dini bizzat kendisi yaşayarak bize örnek olan Hz. Muhammed (s.a.v.)'e dua ediyor ve onu en derin saygı ve hürmetle selamlıyorum. Ve's-salâtu ve's-selâmu alâ Rasûlillah! Siz güzel genç kardeşlerimi de tek tek gözlerinden öpüyor ve bağrıma basıyorum.

Bizler Almanya'ya öğrenci olarak gelmiştik gençler. Almanya'da mühendislik eğitimi almak istiyorduk. O yıllarda Almanya sanayide çalışacak işçi de alıyordu. Türkiye'den de çok sayıda işçi çalışmak için Almanya'ya gelmişti. Braunschweig şehrinde üniversite öğrencileri ve işçiler bir araya gelip dertleşiyorduk. Cuma namazı kılamıyorduk. Bayram namazları gelecek ve kılamayacaktık. Vakit namazlarında bir araya gelebileceğimiz, boş vakitlerimizde oturup çay içip muhabbet edebileceğimiz bir yerimiz yoktu."

"Peki, nerelerde buluşuyordunuz Rüştü Dede?"

"Biz öğrenciler gün boyu üniversite binalarında, kantinlerde ve yemekhanede bir araya geliyorduk. Kütüphane ve yurt diğer buluşma noktalarımızdı. Bazı arkadaşlarımız barlara gidiyorlardı. Bizim eğlence olarak yaptığımız tek şey sinemaya gitmekten ibaretti.

İşçiler daha çok tren istasyonlarında ve işçi barınaklarında bir araya geliyordu. Onların arasında da oldukça kalabalık bir grup barlara gidip boş zamanlarını oralarda geçiriyorlardı."

İlk Mescit Nasıl Açıldı?

"Neler yiyip içiyordunuz, merak ettim?"

"O tarihlerde henüz Müslümanlara ait marketler yoktu. Alman marketlerinden tanıdığımız, bildiğimiz yiyecekleri bulup onları yiyebiliyorduk. Helal yiyecek bulmak zordu. Seçenekler de sınırlı idi. Helal-haram ayrımı yapmayan ya da bu ayrımı bilmeyen birçok insanımız vardı."

"Cami açmak nasıl aklınıza geldi?"

"Aslında buna tam olarak cami açmak denemez. Başlangıçta biz istiyorduk ki bizim bir yerimiz olsun. Arkadaşlarımızla oturabilelim, içinde bizim kültürümüze ve inancımıza ters şeyler olmasın ve namaz vakitlerinde de namaz kılmak isteyenler için mescit olarak hizmet versin. Bu fikrimizi işçi abilerimize de açtık. Onlar da bize destek verdiler. 'Sen bu ülkenin dilini okuyup yazabiliyorsun. O hâlde sen bize başkanlık et, bize yol göster, biz de sana yardım edelim.' dediler.

Bunun üzerine Avrupa Türk Birliği adında bir dernek kurduk. Derneğin başkanlığına beni getirdiler. Ben de bir yönetim kurulu oluşturdum. Artık bir teşkilat olmuştuk. Hemen o bölgede uygun bir bina aramaya başladık. Bir yer bulup kiraladık ve ilk derneğimizi, ilk cemiyetimizi, ilk camimizi açmış olduk."

"Çok heyecanlı olmalı. Neler hissettiniz?"

"O gün inanılmaz mutlu idik. Artık bize ait diyebileceğimiz bir yerimiz vardı. Açılışı bir cuma günü yaptık. Kur'an okuduk. Sonra birlikte cuma namazı kıldık. Daha önce de cuma namazlarını kılıyorduk. Ya bir salon kiralıyor ya da izin alarak kilisenin bir kenarında namazımızı kılıyorduk. Ama o gün ilk defa kendimize ait bir mekânda, mescit olarak düzenlediğimiz bir alanda cemaatle cuma namazını eda etmiştik. Namazdan sonra müthiş bir duygu seli oluşmuştu. Herkes bir diğerine sarılıp ağlıyor, bu günleri gösteren Allah'a hamdolsun diyorlardı."

"Neden böyle şey yaptınız ki Rüştü Dede?"

"Gençler, bu çalışmayı yaparken en büyük hedefimiz Allah'ın rızası idi.

Biz belki de Almanya'da kalmayacaktık. Belki eğitimimiz bitince dönecektik. Bazılarımız bir miktar para kazanıp tekrar ülkesine geri dönmeyi planlıyordu. Ama Müslümanlığımız gereği, yaşadığımız sürece yapmamız ve yerine getirmemiz gereken vazifelerimiz vardı. Namaz kılmak da bunlardan en mühim olanı idi. O hâlde bizi bir araya toplayan, bizi kaynaştıran bir mescidimiz olmalı idi. Ayrıca iyiliği emredip kötülükten menetmek de bizim vazifemizdi. Yüzlerce kardeşimiz boş zamanlarında inançlarına ters yerlerde zamanlarını geçiriyorlardı. Onlara temiz bir mekân hazırlayıp sunmak ve onları oraya yönlendirmek de bizim vazifemizdi. İşte bu vazife bilinci bizi motive ediyordu. Biz yaptıklarımızı ibadet şuuru ve ciddiyeti ile yapıyorduk."

Mescitten Teşkilata Geçiş

"Siz de bizim Gençlik Başkanımız Mustafa Abi gibi çok toplantı yapıyor muydunuz dede?" diye sordu Burak.

"Gençler, teşkilat olmak, birlik olmak ve beraber hareket etmek demektir. Teşkilatlarımızda işlerimiz istişare edilerek yürütülür. İstişare ortak aklın sonucudur. Ortak akla da ancak toplantı yapılarak ulaşılabilir. Yani evet, bizler de çokça toplantılar yaptık. Bazen sabaha kadar toplantı yapıp sabah üniversiteye gittik. İşçi kardeşlerimiz toplantıdan doğruca iş yerlerine gidip çalışıp evlerine gittiler. Ayrıca malum, binanın tamiri gerekiyordu. Birçok kardeşimiz de işlerinden çıkıp cemiyete geliyor, orada da saatlerce çalışıp evlerine gidiyorlardı."

"Bu açmış olduğunuz dernekte ne gibi faaliyetler yaptınız Rüştü Dede?" diye sordum.

"Öncelikle kendimiz için haftalık yönetim kurulu toplantısı zamanını belirledik. Ardından da bir sohbet grubu oluşturup haftalık dinî sohbetler organize ettik. Her hafta artan sayı ile bu sohbetleri yapıyorduk. Almanya'ya ya da Hannover çevresine gelen Türkiyeli misafirleri cemiyetimizde ağırlıyorduk. Cemaat ile onları bir araya getiriyor, sohbet ortamları oluşturuyorduk. Aramızda Kur'an öğretmeyi bilen kardeşlerimiz vardı. Kur'an öğrenmek isteyenler için kurs oluşturduk. Daha sonra ailesini ve çocuklarını getiren işçi kardeşlerimizin çocuklarına da Kur'an ve din eğitimi vermeye başladık. Başlangıçta aklımıza gelmeyen güzelliklere ve hayırlı işlere vesile olmaya başlamıştık. Yolda kalan, parasız kalan veya vefat eden biri oldu mu hemen organize olup karınca kararınca onun sorununu çözmeye çalışıyorduk. Hatta bir iki üniversite öğrencisine burs bile veriyorduk."

Önden Gidenler

"Rüştü Dede, Erbakan Hoca ile nasıl tanıştınız?„

"Erbakan Hocamız önemli bir bilim insanıdır. Doktorasını Almanya'da Aachen Teknik Üniversitesi'nde tamamlamış ve Deutz şirketinde mühendis olarak çalışmıştı. Almanya'daki Müslümanlara bu yüzden özel bir ilgisi vardı. Bizim Almanya'da ve diğer Avrupa ülkelerinde camiler açtığımızı öğrenince çok sevinmişti. Kendisini biz hem profesörlüğü, hem de diğer çalışmalarından dolayı tanıyorduk. Bir keresinde Almanya'ya geldiğine kendisini cemiyetimize davet ettik. Erbakan Hoca, kendi zamanındaki durumu anlattı ve şimdiki duruma çok sevinerek bize teşekkür etti. Ancak, bunun yeterli olmadığını ve daha da çok çalışılması gerektiğini söyledi. Müslüman işçi ve öğrencilerin bulunduğu her şehirde bir cemiyetimizin bulunmasının bizim için bir ödev, bir zorunluluk olduğunu söyledi. Böylece ufkumuz daha da açılmış oldu. Bu çalışmayı yapan kardeşlerim haftalarca evlerine dönmeden gittikleri yerlerde teşkilatı kurdular. Yani iş zordu, ama bizler de çok tutkulu idik gençler.

Cenâb-ı Hak ne diyor? 'Sizden, hayra çağıran, iyiliği emredip kötülüğü meneden bir topluluk bulunsun. İşte onlar kurtuluşa erenlerdir.' (Âl-i İmrân suresi, 3:1 04) Biz kendimizi böyle görüyorduk. Bu çalışmalar bizim ahiret hayatımızın sigortası idi.„

Hizmet Bayrak Yarışı Gibidir

"Rüştü Dede, siz hep erkeklerden bahsettiniz. Kadınlar teşkilatınız yok muydu?"

"İlk kuruluş dönemimizde gerek öğrencilerden gerekse işçi abi ve kardeşlerimizden pek çoğu bekârdı. Heim denilen işçi lojmanlarında yaşıyorlardı. Evli olanların da çok azının eşi ve çocukları yanında idi. Bu yüzden başlangıçta kadınlar, kadınlar kolu veya teşkilatı maalesef yoktu. Ama şimdi çok güçlü bir Kadınlar Teşkilatı var. Bu da beni çok memnun ediyor."

"Kurduğunuz derneğe sizden sonra kimler başkanlık etti?"

"Bizde başkanlık bayrak yarışı gibidir gençler. Biz bayrağı taşırız, sonra başka bir kardeşimize veririz. En az bizim kadar iyi taşıyacağına inandığımız bir kardeşimize. Dernek her geçen gün daha da güçlü oldu ve büyüdü. İsmini Avrupa Türk Birliği olarak değiştirdik. Başkanlığına Dr. Yusuf Zeynelabidin'i getirdik. Kendisi herkesin yardımına koşan, çok sevilen birisiydi. Daha sonra Osman Yumakoğulları başkanımız oldu. O başkan olduğunda dernek tekrar isim değişikliğine gitti ve Avrupa Millî Görüş Teşkilatları adını aldı. Osman kardeşim de 2016 yılında vefat etti. Yusuf Zeynelabidin'in kabri Almanya'nın Berlin şehrindedir. Osman kardeşimin kabri ise İstanbul Zeytinburnu Merkez Efendi Kabristanlığı'ndadır. Rahmetli Necmettin Erbakan Hocam ile baş başadır mezarları. Gelin bu büyüklerimiz için bir Fâtiha okuyalım, el Fâtiha!"

Herkes Fâtiha suresini okuyup "Amin" dedi. Sonra Rüştü Dede devam etti:

"Evet gençler! Daha sonra teşkilatımız bugünkü adını aldı. Nedir teşkilatımızın bugünkü adı? Kim söyleyecek?"

Rüştü Dede gençlerin gözlerine bakarak sormuştu sorusunu. Sen söyle Ali dedi.

Ali:

"İslam Toplumu Millî Görüş, Rüştü Dede."

"Aferin sana. Peki teşkilatımızın merkezi nerededir, bilen var mı?"

"Köln'de!" diye atıldım. "Genel Merkezimiz Köln-Holweide'de."

Rüştü Dede teşkilata duyduğumuz ilgiden çok memnun olmuştu.

Dünden Bugüne Teşkilatımız

"Rüştü Dede," dedi Mustafa Abi. "Bugün teşkilatımızın geldiği durumu görünce neler hissediyorsun?"

"Mustafacığım, bizim el yordamı ile yaptığımız işler artık bugün kurumsallaşmış. Allah'a hamdolsun. Camilerde yapılan eğitim, eğitim merkezlerine taşınmış. Daha çok ve daha yetkin eğitimcilere sahibiz. Cemiyetlerimizde artık kiracı değiliz. Birçoğunu satın almışız. Kadınlar ve Gençlik Teşkilatlarını kurmuşuz. Artık dört teşkilatımız var.

IGMG dünyanın birçok ülkesinde teşkilat kurdu. Almanya'da filizlenen teşkilat kocaman bir çınara dönüştü. Bugün IGMG; Avusturya, Fransa, Hollanda, Belçika, Norveç, İsveç, Danimarka, İtalya, Balkanlar, Avustralya, Kanada ve Amerika Birleşik Devletleri'nde yapılanmış durumda.

Cami ve cemiyetlerimizde imamlarımız cemaati irşad ediyor. Onlara Allah'ın dinini ve Peygamberimizi anlatıyor. Eminim şu an aramızda geleceğin imamları oturuyor. Artık bu izzetli ve şerefli görevi sizler üstleneceksiniz. İmamlık Peygamberimizin makamı, biliyorsunuz. Sizler de oraya çok yakışırsınız.

IGMG faaliyet gösterdiği ülkelerde kreşler ve okullar açılmasını teşvik ediyor. Artık bizim değerlerimizi ve inancımızı da öğreten eğitim kurumlarımız oluyor, elhamdulillah!

Çocuklar için aylık dergi çıkartıyor teşkilatımız. Neydi adı? Bilen var mı?"

"Gökkuşağı," dedi Burak.

"Evet. Ne de güzel ismi var, değil mi? Çocuklar gibi. Rengârenk, canlı, pırıl pırıl!

Ramazan ayı öncesinde onlarca ülkede ihtiyaç sahibi Müslümanlara ramazanlık kumanya dağıtılıyor. Afrika'da ve Asya'da temiz suya ulaşamayan insanlar için su kuyuları açılıyor. Güneşten ötürü genç yaşta katarakt olarak görme yetilerini kaybeden kardeşlerimizin ameliyatı yaptırılarak tekrar görebilmeleri sağlanıyor.

Yüzlerce ülke ve bölgede kurbanlar kesilip ihtiyaç sahipleri ile paylaşılıyor.

Öğrencilere burslarla destek sağlanıyor.

Kadınlar arı gibi çalışıyorlar. Hem şubelerinde, hem bölgelerinde, hem de Genel Merkezlerinde birçok hayırlı faaliyete öncülük ediyorlar.

Gençlik Teşkilatlarımıza siz en güzel örneksiniz. Sizin gibi pırıl pırıl gençler gençliğimizin de geleceğimizin de emin ellerde olduğunu gösteriyor.

Ayrıca hac ve umre hizmetlerinde de marka hâline geldik. 'Hac ve Umre İslam Toplumu Millî Görüş ile yapılır.' sloganı herkesin diline ve zihnine yerleşti.

Cenaze yardım faaliyetleri dernekleşti. UKBA, IGMG'nin destek verdiği bir cenaze yardımlaşma derneği. Artık vefat eden kardeşimiz için para toplamamız gerekmiyor. UKBA her türlü hizmeti sağlıyor, hamdolsun."

Herkes Burak'ın annesi Hatice teyzenin börek, sarma ve tatlıdan oluşan ikramını silip süpürmüştü. İçecek olarak da ayran ve su vardı. Rüştü Dede ayrandan bir yudum alırken ben:

"Müsaade ederseniz ben araya girmek istiyorum, Rüştü Dede." dedim.

"Tabii ki Enes'im buyur." dedi Rüştü Dede.

"Arkadaşlar, yaklaşık bir buçuk saattir Rüştü Dede'yi konuşturuyoruz. Malum, kendisi ne kadar dinç de olsa dedemiz. Daha fazla kendisini yormayalım derim."

"Bak hele sen bizim Enes'e! Beni de ihtiyar yaptı. Hâlbuki ben henüz büyüyorum, Enes ise yaşlanıyor."

Hep bir ağızdan gülüştük.

Rüştü Dede:

"Hâlikın namütenahi adı var en başı Hakk

Ne büyük şey kul için Hakk'ı tutup kaldırmak

Hani ashâb-ı kirâm ayrılalım derlerken

Mutlaka sure-i ve'l-Asr'ı okurmuş bu neden?

Çünkü meknun o büyük surede esrâr-ı felah

Başta imân-ı hakîkî geliyor sonra salâh

Sonra Hak, sonra sebat, işte kuzum insanlık

Dördü birleşti mi yoktur sana hüsran artık." dedi ve ardından Asr suresini okudu. Hepimiz ağzımız açık dinlemiştik. Pek de anlamamıştık açıkçası.

"Bu şiir Mehmet Akif Ersoy'dan. Bu da size ödev olsun. Çalışın, anlayın bakalım merhum Akif ne demiş bu şiirinde."

Sonra da "el-Fâtiha" diyerek konuşmasını bitirdi. Evden çıkarken hepimizin tek tek elini sıktı, gözlerimizden öptü ve başımızı okşadı. Biz de elini öpüp duasını istedik.

Güzel ve bereketli bir ev sohbeti daha bitmişti. Mustafa Abi bir sonraki sohbetin yer ve tarihini gruba mesaj atmıştı bile.

İslam Toplumu Millî Görüş Marşı

Kur'an'ı sünneti rehber edinen
İmanı en büyük imkândır bilen
Bir çiçekle bahardır müjdelenen
İslam Toplumu Millî Görüş

Hak, adalet ve tevhit yolumuz bizim
Kardeşlik ve dostluk özümüz bizim
Mazlumla olmaktır farkımız bizim
İslam Toplumu Millî Görüş

Kolları ufukta yürür durmadan
Aşılmaz engeli aşar yılmadan
Heyecan doludur koşar bıkmadan
İslam Toplumu Millî Görüş

Hak, adalet ve huzur yolumuz bizim
Kardeşlik ve dostluk sözümüz bizim
Ümmetin yanında kalbimiz bizim
İslam Toplumu Millî Görüş

Hikmetle sesleniş tüm Avrupa'ya
Avusturalya'dan Kanada'ya
Balkanlar'dan Afrika'ya
İslam Toplumu Millî Görüş

Hak, adalet ve azim yolumuz bizim
Kardeşlik ve dostluk sözümüz bizim
Dünyaya marşımız selamdır bizim
İslam Toplumu Millî Görüş

Klibi izlemek için IGMG YouTube kanalını ziyaret edin:

youtube.com/igmgorg

Alıştırmalar

1. Rüştü Dede'nin okuduğu şiiri defterinize yazın ve ezberleyin. Daha sonra şiir hakkında sınıf arkadaşlarınız ve eğitimcinizle konuşun. Şiirden neler anladınız? Birlikte şiirin tahlilini yapın ve yeni kelimeler öğrenin.

2. İslam Toplumu Millî Görüş Marşı'nı ezberleyin ve sınıfta arkadaşlarınızın ve eğitimcinizin karşısında okuyun.

3. Rüştü Dede'nin anlattığı Avrupa'daki camilerin açılması hikâyesini kendi kelimelerinizle özetleyerek defterinize yazın. Yazdıklarınızı eğitimcinize ve sınıf arkadaşlarınıza okuyun.

4. Rüştü Dede'nin anlattıklarından en çok hangisi ilginizi çekti, neden?

5. Sizin cemiyetinizin kurucularından birini sınıfınıza davet edip cemiyetinizin hikâyesini ondan dinleyin.

SÖZLÜK

A

Âciz düşmek	Bir olay karşısında çaresiz kalmak.
Adâlet	Herkesin hakkını verme, doğru hüküm.
Ahenk	Uygunluk, uyum, düzen.
Âhir zaman	Son zaman.
Âlem	Dünya.
Arsa	Üzerinde bina yapılacak toprak parçası.
Asil	Soylu.
Aşiret	Aynı soydan gelen, göçebe topluluk.
Avantaj	Üstünlük, fayda, kâr.
Avlu	Binanın ortasında veya önünde etrafı çevrili, üstü açık kısım.
Aza	Organ, vücudun bir parçası.
Azık	Yiyecek şeyler, gıda, besin, yolculuk için hazırlanan şeyler.
Azîz	Kıymetli, değerli, saygıdeğer.

B

Bâtıl	Boş ve mânasız olan, yanlış olan, gerçeğe uymayan, çürük.
Bedelini ödemek	Ücretini, karşılığını vermek.
Beddua	Duanın zıddı, birinin kötülüğünü istemek.

Beliğ	Güzel ifade, açık ifade.
Bencillik	Sadece kendisini düşünmek, egoistlik.
Bereket	Bolluk, gürlük.
Beyan etmek	Bildirmek, açıklamak, konuşmak.
Biat etmek	Uymak, bağlanmak.
Boykot	Geçici veya sürekli ilişkileri kesme.
Böbürlenmek	Büyüklenmek, kibirlenmek.
Budizm	Buda tarafından kurulan bâtıl bir uzakdoğu dini.
Buyurmak	Söylemek, gelmek.

C

Cehâlet	Bilgisizlik.
Cesur	Cesaretli, korkusuz.
Cimri	Elinde para olduğu halde harcamayan, eli sıkı, pinti.
Cömert	Başkalarına yardımdan kaçınmayan kimse, eli açık, yardımsever.
Cünüp olmak	Gusül abdesti alacak hale gelmek.

Ç

Çan	Madenden yapılmış, vurulduğunda çınlayan âlet.
Çiftlik	Tarım ve hayvancılık yapılan, içinde binalar bulunan arazi, yer.

D

Davet etmek	Çağırmak.
Dağın eteği	Dağın alt kısmı.
Defnetmek	Gömmek, ölüyü mezara koymak.
Deve	Uzun boyunlu, dayanıklı hayvan.
Dışkı	Büyük abdest, insan pisliği.

E

Ebedî	Sonsuz, sonu olmayan.
Ecel	Hayatın sonu, ölüm zamanı.
Eda etmek	Yerine getirmek, yapmak.
Edep	Hayâ, utanma, iyi ahlak.
Ehl-i kitab	Kitaplı dinlerin mensupları. Yahudiler ve Hristiyanlar.
Emanet	Geri alınmak üzere verilen şeyler, korunması gereken şeyler.
Emniyet	Emin olma hali, güvenlik.
Esas	Asıl olan.
Esselâmu Aleyküm	Selâm sizin üzerinize olsun.
Esir	Savaşta yakalanan tutsak.

F

Faiz	Ödünç verilen para için fazladan alınan ve İslâm'a göre haram olan para.
Fedakâr	Özverili, her türlü güçlüğe sabreden.
Ferahlandırmak	Sıkıntı ve üzüntüyü yok etme, birinin mutlu olmasını sağlama.
Fert	Kişi, şahıs.
Fesat	Bozgunculuk.
Fethetmek	Bir yeri, bir ülkeyi almak.
Fetih	Zafer, ele geçirme.
Fuhşiyât	Taşkınlık, aşırı davranış, haram olan cinsel ilişki.

G

Galip gelmek	Yenmek, üstün gelmek.
Ganimet	Savaşta düşmandan ele geçirilen mal.
Gazi	Din uğruna savaşan kimse.
Geçit	Geçmeye yarayan yer, iki dağ arasında dar ve uzun yol.
Gözünden bile korumak	Birini, bir şeyi dikkatle korumak.
Gurur	Kendini büyük görmek, büyüklenmek.
Gütmek	Otlatmak, bakıp ilgilenmek.

H

Hacerülesved	Kâbe'de bulunan değerli, ünlü siyah taş.
Haddi aşmak	Ölçünün üstüne çıkmak, terbiyesizlik.
Hakem	Bir anlaşmazlığı gideren kimse.
Harçlık	Küçük ihtiyaçlar için ayrılmış para.
Haşr	Ölülerin kıyâmette dirilip bir yere toplanması.
Havz-ı Kevser	Peygamberimizin cenneteki havuzu.
Hayâ	Utanma.
Hayır	İyilik, iyi iş, karşılıksız yapılan iyilik, yardım.
Hayız	Kadınların aybaşı hali.
Haz	Hoşlanmak, zevk almak.
Hendek	Uzunlamasına kazılan derin çukur.
Hristiyan	Hz. Îsâ tarafından tebliğ edilen, ancak sonradan insanlar tarafından bozulan İncil'e inanan kimse.
Hırka	Diğer elbiseler üzerine giyilen örme elbise.
Hikâye	Olmuş veya olacak olayların anlatılması.
Hinduizm	Hindistan'da yaşayan insanların büyük bir kısmının inandığı bâtıl din.
Hitaben	Hitap ederek, konuşarak.
Hüküm	Tartışılmaz dini kural, karar.
Hükümdar	Padişah, kral.
Hür olmak	Esir olmamak, özgür olmak.

I

Irk	Aralarında kan bağı bulunan insan topluluğu, soy.
Islah etmek	Düzeltmek, iyi duruma getirmek.
Işıtmak	Aydınlatmak.

İ

İbret	Bir olaydan, kötü bir durumdan ders çıkarma.
İdrar	Sidik.
Îfâ etmek	Bir işi yapmak.
İftar	Oruç açma vakti.
İftira	Olmayan bir suçu yükleme, kasıtlı olarak kötüleme.
İhsan	İyilik yapma, iyilik.
İkram	Misafiri ağırlama, hürmet gösterme, sunulan şey.
İmsak	Oruca başlama vakti.
İmtihan	Sınav, deneme.
İnkılâb	Devrim, ihtilal, dönüştürme.
İnşaat	Bina yapmak.
İrade	Bir şeyi yapıp yapmama konusunda karar verebilme gücü.
İsraf etmek	Gereksiz yere para, zaman veya emek harcama, savurganlık.
İstiğfar	Allah'tan günahlarının bağışlanmasını isteme.

İştirak etmek	Katılmak, ortak olmak.
İstişare etmek	Karşılıklı fikir ve görüş alışverişi yapmak, danışmak.
İtaat etmek	Verilen emre uymak, söz dinlemek.

K

Kabile	Bir soydan olan insanlar. Bir arada yaşayan topluluk.
Kabir	Ölülerin gömüldüğü yer, mezar.
Kafes	Bazı hayvanların içinde beslendiği telden yapılma muhafaza.
Kafile	Birlikte yolculuk yapan kişilerin tümü.
Kamerî	Ay ile ilgili.
Kârlı	Kazançlı.
Kasîde	Büyükleri övmek için yazılan şiir.
Keçi	Eti, sütü, derisi ve kılı için yetiştirilen memeli evcil hayvan.
Keffâret	İbâdeti kasten bozmanın cezası.
Kelâm	Söz.
Kerem	Cömertlik, el açıklığı.
Kerpiç	Saman karışımı güneşte kurutulan ve ev yapımında kullanılan çamur.
Kervan	Uzak yerlere yolcu ve ticâret eşyası taşıyan kâfile.
Keser	Bir ağzı keskin, kısa saplı kesme ve çakma âleti.
Keşif kolları	Düşmanın durumunu anlamak ve öğrenmek için gizlice gönderilen kişiler.
Kevser	Cennete bulunan bir akarsu.

Kıyamet	Dünyanın sonu, tekrar dirilip toplanma zamanı.
Kıssa	Öğüt verici, ders alıcı kısa hikâyeler.
Kıtlık	Kuraklık veya bazı şartlardan dolayı oluşan açlık, azlık.
Kibir	Büyüklük taslamak, kendini beğenmek.
Konaklamak	Yolculuk sırasında bir yerde kalıp geceyi orada geçirmek.
Kotarmak	Bir işi tamamlamak, bitirmek.
Köle	Para ile alınıp-satılan erkek hizmetçi.
Krepon kağıdı	Süslemede kullanılan, çabuk yırtılmayan esnek kağıt.
Kuraklık	Yağmursuzluğun oluşturduğu kıtlık.
Kürsü	Yüksekçe oturma yeri.

L

Lohusalık	Yeni doğum yapmış kadının hâli.
Lütuf	İyilik, iyi davranış.

M

Mağfiret	Allah'ın kullarının günahlarını affetmesi, bağışlaması.
Mahşer	Kıyamet gününde ölülerin dirilip toplanacağı yer.
Manastır	Rahip ve rahibelerin dünya ile ilgilerini keserek yaşadıkları yer, bina.
Mârifet	Ustalık, beceriklilik.
Mecûsî	Ateşe tapan, putperest.

Merhamet	Şefkat duygusu, acıma.
Merve	Kâbe'nin yanındaki bir tepenin ismi.
Meşrû	Dinin ve toplumun doğru bulduğu şey.
Mescid-i Aksâ	Kudüs'te bulunan mukaddes cami.
Mescid-i Harâm	Kâbe ve etrafı.
Mescid-i Nebevî	Medine'deki Peygamber Mescidi.
Meşgul olmak	Uğraşmak.
Meyhane	İçki satılan ve içilen yer, içki yeri.
Miktar	Kıymet, ölçü, sayı, derece.
Milâdî	Takvim başı olarak kabul edilen Îsâ (a.s.)'ın doğum tarihi.
Miras	Ölen birinden yakınlarına kalan mal veya para.
Misafir	Ziyaret amacıyla başka birinin evine giden, konuk, yolcu olan.
Misli	Benzeri, tıpkısı.
Mola	Dinlenme, ara verme.
Muazzam	Çok büyük, önemli.
Mucize	Peygamberlerin gösterdiği olağanüstü olaylar.
Muhafaza	Saklama, koruma.
Muharrem	Hicrî yılın ilk ayı.
Muhasara	Kuşatma, etrafını sarma, kontrol etme.
Mukaddes	Kutsal.
Mûsevî	Yahudi.
Mushaf	Kur'ân-ı Kerîm.

Mübârek	Değerli, güzel, kutsal.
Mücadele	Bir amaca ulaşmak için gösterilen gayret, çalışma.
Müdafa	Savunma, koruma.
Müjde	Sevindirici haber, iyi haber.
Mükellef	Dinen sorumlu olan.
Münasebet	İlişki.

N

Nezaket	Saygılı, kibar davranma, incelik.
Nida etmek	Çağırmak, seslenmek.
Nifas	Yeni çocuk doğurmuş kadının hali.
Nimet	İyilik, servet.
Niyaz	Dua, yalvarma.
Nota	Müzikte sesleri ifade eden işaretler.
Nur	Işık, aydınlık.
Nur dağı	Mekke'de bir dağın ismi.

O

Olağanüstü	Alışılanın üstünde olan, olağandışı.
Organ	Canlı bir vücudun görev yapan bölümü.
Ortak koşmak	Allah'a bir şeyi ortak kabul etmek, şirk.

Ö

Öcünü almak	İntikam almak.
Öfke	Şiddetli, aşırı kızgınlık.
Öksüz	Annesi ölmüş çocuk.
Örf	Gelenek, âdet.
Öz	Bir şeyin en esaslı kısmı, kişinin mânevi varlığı.

P

Perişan olmak	Çok zor duruma düşmek.
Pıhtı	Koyulaşmış sıvı.
Plan	Bir şeyi gerçekleştirmek için yapılan düzenleme.
Prensip	Temel düşünce, temel kural.
Prova	Deneme, hazırlık.

R

Rahip	Hristiyan din adamı, papaz.
Rahmet	Merhamet, bağışlama.
Razı olmak	Kabul etmek, memnun olmak.
Rebîlüevvel	Kamerî ayların üçüncüsü.
Rehber	Yol gösteren kimse, klavuz.

Rek'at	Namazın kıyam, rüku' ve secdesini içine alan bölüm.
Resûl-i Ekrem	Şerefli Peygamber Hz. Muhammed (s.a.v.).
Ressam	Resim yapan kimse.
Rengârenk	Çeşitli renkleri olan, renk renk.
Rükün	Bir şeyi meydana getiren esaslar.

S

Sabır	Acıya, üzüntüye ve sıkıntıya katlanma.
Sadık	Bağlı olan, samimi olan.
Safha	Dönem, devre.
Sandal	Suda binilen, genişçe kayık çeşidi.
Seher vakti	Şafakla güneşin doğuşu arasındaki vakit.
Sehiv secdesi	Yanılma secdesi.
Semâvî	Yüce Allah tarafından olan, ilâhî.
Sembol	İşaret, bir kavramı işaret eden şekil.
Servet	Zenginlik, varlık.
Sığınmak	Tehlikeden korunmak için, birinin korumasına girmek.
Sığır	Boynuzlu büyükbaş evcil hayvan.
Sırat	Kıyâmette cehennem üzerine kurulan köprü.

Soluklanmak	Derin ve rahat nefes almak.
Soy	Kanbağı ile birbirine bağlı kişiler, ırk.
Sulh	Barışma, barış, düşmanlığın kaldırılması.
Sûr	İsrâfil (a.s.)'ın kıyamet zamanı çalacağı boru.
Sümkürmek	Burnundaki sümüğü temizlemek.

Ş

Şamanizm	Türklerin İslâm'dan önceki dini.
Şefkat	Acıyıp koruma, sevme.
Şehit	Allah yolunda canını feda eden Müslüman.
Şer	Kötülük, hayrın tersi, kavga.
Şeref	Yücelik, ululuk, seçkinlik.
Şuur	Bir şeyi anlama, kavrama gücü.
Şükür	Nimet ve iyiliği dile getirip bunları verene teşekkür etme, onu övme.

T

Taç	Başa takılan süslü ve kıymetli hükümdarlık işareti.
Taktir	Kader, alınyazısı.
Takvâ	Günahtan kaçınma, Allah'ın emir ve yasaklarına titizlikle uyma.
Talimat	Resmi yazı, emir.
Tasdik etmek	Kabul etmek, inanmak.

Tecavüz	Aşırı gitme, aşırılık, başkasının hakkına saldırma.
Tefekkür etmek	Düşünmek.
Tekbir	"Allâhuekber" diyerek Allah'ı yüceltme.
Ten	Vücut, bedenin deri kısmı.
Tercih etmek	Seçmek.
Tercüman	Bir dilde yazılan veya söylenen bir şeyi başka bir dile çeviren kişi, çevirmen.
Tevekkül	Allah'a güvenme.
Tevhid inancı	Bir Allah inancı.
Ticaret	Mal alım-satımı, kazanç, kâr.
Tövbe	Günahtan vazgeçme, bir daha işlememeye söz verme.

U

Uğur	İyilik getirdiğine inanılan şey.
Ulvi	Yüksek, yüce.
Umre	Hac zamanının dışında yapılan Kâbe ziyareti.

Ü

Ümmet	Bir peygambere inanan ve onun yolunda giden insanların hepsi.
Ümmi	Okuma-yazma bilmeyen.

V

Vaaz	Nasihat, öğüt, dinin emir ve yasaklarının anlatılması.
Vacip	Kesinlik bakımından farzdan sonra gelen.
Vadi	İki dağ arasında kalan dere boyu.
Vasiyet	Bir kimsenin ölümünden sonra yapılmasını istediği şey.
Veli	Bir insanı korumasına alan kişi, yardımcı. Allah'ın sevgili kulu.

Y

Yaratmak	Yoktan varetmek, meydana getirmek.
Yeğen	Kardeş çocuğu.
Yetim	Babası veya hem babası, hem de annesi ölmüş çocuk.
Yoğun	Çok sık, fazla, aşırı.
Yosun	Su yüzünde veya dibinde yetişen çiçeksiz bitki. Taş veya ağaç kabukları üzerinde yetişen kısa boylu çiçeksiz bitki.
Yüce	Yüksek, büyük.

Z

Zırh	Savaşlarda; ok, kılıç, süngü gibi silahlardan korunmak için giyilen demir ve tel levhalardan yapılmış giysi.
Zikir	Allah'ı anmak, hatırlamak.
Zina	Kadın ile erkek arasındaki yasak ve günah olan cinsel ilişki.
Zulüm	Haksızlık, kötülük, işkence.

NOTLAR:

NOTLAR:

NOTLAR: